Méthode de Singapour

Enseigner les mathématiques au primaire

Lee Pen Yee **Lee Nghan Hoe**

Préface de Monica Neagoy

Traduction : Karin Albert
Relecture : Capucine Jahan
Conception graphique (couverture) : Langage Graphique
Conception graphique et mise en page (intérieur) : STDI

ISBN : 978-2-369-40-131-5

Sommaire

Préface

Les mathématiques représentent l'une des traditions intellectuelles les plus nobles de notre patrimoine culturel. Ce patrimoine, vieux de plusieurs millénaires, qui regorge de beauté, de puissance et d'utilité, continue à prospérer et à se développer au moment même où j'écris ces lignes. Au fil du temps, les aspects pratiques, théoriques et esthétiques des mathématiques ont occupé une place privilégiée dans l'éducation. Or, si vous demandez à un enfant ou un adulte choisi au hasard ce que sont les mathématiques, il y a fort à parier que les réponses seront très différentes. Pour la plupart des jeunes qui terminent leurs études secondaires, les mathématiques, c'est quelque chose qu'on leur a infligé pendant bien trop longtemps. Quelque chose qu'il a fallu supporter, endurer, puis laisser derrière soi. Certains considèrent même que l'exclamation « L'école est fini ! » signifie « Les maths, c'est terminé ! ». C'est là une triste réalité.

Dans ce contexte, une belle phrase de Jerry King me vient à l'esprit : « Notre vie intellectuelle et esthétique serait incomplète si nous étions insensibles à la puissance et à la beauté des mathématiques » (*The Art of mathematics*, 1992). Je déplore que nous n'ayons pas réussi à transmettre au grand public ce sentiment, cette croyance ou cette réalité à propos des mathématiques. Pourquoi ? L'une des raisons, c'est que l'enseignement de la discipline a pris une forme différente. Pendant des années, les élèves ont acquis des connaissances mathématiques sans véritable compréhension. Les jeunes enfants qui arrivent à l'école sont très curieux à propos des nombres et des formes. Mais nous réussissons à étouffer leur enthousiasme et leurs questions. Dans de nombreuses salles de classe à travers le monde, les élèves assistent aux cours en silence, absorbant passivement l'information transmise – qui est souvent déconnectée de leur vie et sans réelle signification pour eux. Cette information, ils doivent la mémoriser pour la régurgiter lors du prochain contrôle ou examen. Ces pratiques doivent absolument changer.

Dans le monde d'aujourd'hui, où la technologie permet d'effectuer toutes les opérations mathématiques – calculs algorithmiques, résolutions d'équations, simulations 3D..., pour n'en mentionner que quelques-unes, il est plus important que jamais de faire en sorte que les élèves comprennent les mathématiques qu'ils apprennent. Dans une société saturée de technologie, il faut savoir utiliser des compétences de réflexion supérieures, comme analyser une situation-problème, évaluer la validité d'un résultat, établir des liens entre deux phénomènes à première vue indépendants l'un de l'autre, identifier et exprimer une régularité, percevoir et utiliser une structure, prouver une affirmation. Un citoyen incapable de raisonner mathématiquement sera exclu de tout un pan de l'activité humaine. Ses opportunités seront limitées, ses compétences nécessaires dans la vie quotidienne compromises. Dès l'entrée à l'école, un enfant doit par conséquent apprendre à raisonner mathématiquement, et il doit raisonner de cette façon tout au long de ses apprentissages mathématiques. Ne l'oublions pas : tous les enfants sont capables de mener une réflexion mathématique complexe, à condition que nous leur en donnions l'opportunité, et que nous apprenions à les écouter.

Apprendre aux enfants à raisonner mathématiquement nécessite de changer complètement notre façon d'enseigner. Au XXIe siècle, la barre est placée plus haut pour tous ceux qui enseignent aux jeunes enfants. Il ne suffit plus, comme c'était le cas durant les années d'après-guerre, d'enseigner le « comment ». Ce qui est plus important aujourd'hui, c'est de comprendre le « pourquoi ». La tâche est exigeante. Pendant ces trente ou quarante dernières années, un consensus est apparu : enseigner les bases des mathématiques est une activité qu'on ne saurait prendre à la légère. Par le passé, on se disait : « N'importe qui sachant additionner, soustraire, multiplier et diviser peut enseigner les mathématiques aux jeunes enfants. » Rien n'est plus éloigné de la vérité. J'irais plus loin encore : même un grand mathématicien n'est pas forcément un bon pédagogue, tout simplement parce que l'art d'enseigner comporte plusieurs facettes. Il englobe entre autres l'attitude par rapport aux mathématiques et à l'apprentissage en général, les connaissances concernant les mathématiques, la pédagogie, les programmes officiels, les élèves et l'évaluation. Ces éléments de base forment un ensemble qui vise à répondre aux différents besoins des élèves en salle de classe et, plus généralement, à leur donner le goût de l'apprentissage tout au long de la vie. Cet ensemble se trouve au centre de l'enseignement.

Principes généraux

Principe 1 : L'enseignant doit être prêt à s'engager en faveur des mathématiques

Quand on explore les mathématiques de façon à montrer leur utilité, leur beauté et leur humanité, les enseignants tout comme les élèves développent une motivation et une volonté de s'impliquer, à la fois émotionnellement et intellectuellement : deux éléments indispensables pour une expérience positive et gratifiante des mathématiques.

Principe 2 : Le professeur doit avoir des connaissances qui vont au-delà de ce qu'il enseigne

Un enseignant, c'est un professionnel. Il sait que ses connaissances doivent aller bien plus loin que les contenus qu'il transmet. J'ai montré le schéma ci-dessous à tous les professeurs avec lesquels j'ai travaillé : il représente une conviction personnelle profonde. Un professeur avec une vision plus générale de l'enseignement est en mesure de s'appuyer de façon intelligente sur les bases dont dispose l'élève, puis de construire de nouvelles bases pour les apprentissages à venir. Le large éventail de ses connaissances lui permet de réagir positivement aux questions incisives plutôt que de les éviter ; chaque élève peut ainsi compléter ses connaissances, et découvrir la richesse fascinante des mathématiques.

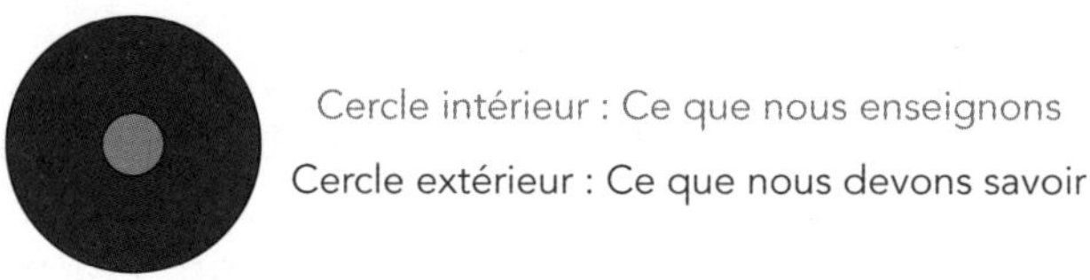

Principe 3 : Le professeur doit avoir une compréhension approfondie des contenus qu'il enseigne

De nombreux programmes d'enseignement ont été jugés « larges d'un kilomètre et profonds de dix centimètres ». On les qualifiait aussi de « listes interminables de thèmes » car ils essayaient de « couvrir » trop de sujets à la fois sans jamais les « découvrir » en les approfondissant. Par conséquent, on déplore souvent l'absence de connaissances approfondies des contenus enseignés. Les mathématiques de

Singapour ont tenté de remédier à cette situation en creusant davantage certains thèmes.

Principe 4 : Un professeur qui est trop à l'aise a cessé d'évoluer

Lorsque les enseignants s'habituent trop à ce qu'ils enseignent, et à leur façon de l'enseigner, ils se figent et ne se développent plus. Quitter de temps à autre sa zone de confort est positif et productif. L'inconfort provoque le changement, le changement le développement, et le développement de nouveaux apprentissages et de la stimulation. En vous plongeant dans ce livre, vous serez par moments un peu mal à l'aise. Considérez cela comme faisant partie de votre développement professionnel, de votre voyage dans des contrées mathématiques nouvelles et stimulantes où vous pourrez un jour emmener vos élèves en toute confiance, doté des connaissances nécessaires.

Principe 5 : Mettez la barre plus haut, les élèves vous suivront

Selon des études récentes, les élèves français ont de faibles résultats en mathématiques. En parallèle, des mathématiciens français réalisent des travaux de grande qualité, comme en témoignent les chercheurs récompensés par la médaille Fields. C'est un paradoxe français. L'un des principaux objectifs des « nouveaux programmes » français est de relever le niveau de l'enseignement mathématique. En effet, tous les élèves devraient avoir accès aux mathématiques de haut niveau. Si vous pensez que seulement quelques élèves peuvent réussir en mathématiques, réfléchissez-y encore. Plutôt que de se concentrer sur ce que certains élèves ne seront pas capables de faire, faites-leur comprendre qu'ils sont capables de réfléchir. Lorsque les élèves sentent que vous leur faites confiance, ils développent leur estime de soi et se surpassent pour répondre à vos attentes.

Une nécessité : aller vers des connaissances de contenu approfondies

Avoir des connaissances approfondies des contenus mathématiques est une condition nécessaire, mais pas suffisante pour un enseignement de qualité. Prenons l'exemple de la résolution de problèmes en cours de mathématiques. Les actions du professeur pendant la séance sont en grande partie régies par ses propres connaissances. Un enseignant avec des connaissances de contenu plus étendues n'est pas seulement mieux à même d'enseigner les mathématiques d'une façon plus conceptuelle, il aura également davantage tendance à fixer des objectifs plus ambitieux en posant des questions et en repoussant les limites des élèves. Supposons qu'un élève affirme que 42 × 96 égale 52 × 86 « parce que 52, c'est 10 de plus que 42 et 86, 10 de moins que 96, et comme 10 – 10 = 0, les deux produits sont identiques ». Une réaction de niveau inférieur serait de vérifier le « vrai ou faux » : intervertir les deux produits et vérifier l'affirmation de l'élève. Une réaction de niveau supérieur consisterait non pas à faire des calculs, mais à faire comprendre les opérations et leurs caractéristiques. Les caractéristiques des opérations dépassent les domaines des nombres et touchent à l'algèbre, où les réflexions portent sur des quantités générales plutôt que sur des nombres particuliers. En posant des questions pertinentes, le professeur peut amener l'élève à comprendre qu'il a fait l'erreur d'appliquer l'élément d'identité de l'addition (0 = 10 – 10) à la multiplication : l'équation 42 + 96 = (42 + 10) + (96 – 10) est correcte, mais l'équation 42 × 96 = (42 + 10) × (96 – 10) ne l'est pas. La recherche montre, et ce n'est pas étonnant, que la qualité de l'enseignement des mathématiques dépend des connaissances de contenu de l'enseignant.

Une nécessité : transformer l'enseignement des mathématiques

Rappelons-le, les mathématiques enseignées à l'école doivent cesser d'apparaître aux yeux des élèves comme un ensemble isolé de concepts et de procédures ; elles doivent être perçues comme un ensemble plus connecté d'idées et d'applications puissantes. La mémorisation de procédures dénuées de sens doit être remplacée par une réflexion plus mathématique. Le professeur doit cesser d'être la seule autorité en matière de réponses « correctes » ou « fausses » et faire davantage appel au raisonnement logique des élèves et aux preuves mathématiques. La manipulation mécanique de symboles dans l'unique but de trouver une réponse correcte doit faire place à une plus forte incitation des élèves à discuter, faire des hypothèses, inventer et résoudre des problèmes ayant du sens. L'enseignant doit comprendre qu'à plus long terme, proposer des mathématiques faciles, « prémâchées », n'est pas dans l'intérêt des élèves. Au contraire, il faut amener les élèves à affronter les difficultés. Et s'ils se trompent, il ne faut pas les blâmer. L'erreur est humaine et nous apprenons de nos erreurs. Remerciez vos élèves de leurs erreurs, sur lesquelles vous allez pouvoir rebondir pour expliquer les faux raisonnements. Enfin, puisque « la connaissance se construit dans le dialogue », entretenez une atmosphère en classe où les élèves forment une communauté d'apprenants – qui dialoguent, discutent d'idées mathématiques, partagent et critiquent des solutions, et apprennent les uns des autres – plutôt qu'une ambiance où les élèves forment un ensemble d'individus isolés qui se retrouvent par hasard dans la même classe.

Une nécessité : concevoir un programme avec un réel potentiel

À la différence de nombreux pays voisins d'Asie du Sud-Est, Singapour n'a pas toujours joui d'une excellente réputation en mathématiques. Dans les années 1980, les performances des élèves à l'école primaire étaient médiocres. Après des années de réflexion, d'études, de travaux de recherche et d'expérimentations, le ministère de l'Éducation de Singapour a conçu un programme de mathématiques qui a mené les élèves médiocres à l'excellence, un niveau de performance resté stable pendant deux décennies et qui a fait l'admiration du monde entier. Comme les tenants de la « Méthode de Singapour » l'affirment clairement, ils n'ont rien inventé. Ils ont simplement tenu compte de la recherche en pédagogie des mathématiques, des théories d'apprentissage et de la psychologie de l'enfant tout en s'appuyant sur les travaux de grands spécialistes comme Gérard Vergnaud (France), Richard Skemp (Royaume-Uni), Jerome Bruner (États-Unis), George Pólya (Hongrie), Jean Piaget (Suisse) et bien d'autres encore pour concevoir un programme qui adopte le point de vue de l'élève : qu'est-ce qui fait qu'un élève a envie d'apprendre les mathématiques ? Qu'est-ce qui l'aide à réussir ? Quels sont les obstacles majeurs ? Comment les surmonter ? Comment l'élève peut-il donner du sens aux mathématiques ? Comment l'apprentissage peut-il être transférable et durable ?

Les caractéristiques puissantes de la "Méthode de Singapour"

Il est impossible de présenter ici l'ensemble des caractéristiques de la méthode de Singapour ; je me contenterai de mentionner celles dont les effets bénéfiques ont été prouvés.

1. Au centre : le raisonnement mathématique et la résolution de problèmes.
2. D'abord le « pourquoi », ensuite le « comment ».
3. Fort alignement vertical.
4. Pédagogie intégrée aux manuels.
5. Transfert des connaissances chez l'élève.
6. Des tâches soigneusement sélectionnées, avec des étapes pertinentes.
7. Représentation et modélisation à l'aide de nombreux outils.
8. Progression du concret vers le visuel, puis vers l'abstrait.
9. La modélisation en barres comme outil efficace pour la résolution de problèmes.
10. Large utilisation de la visualisation.
11. Ouverture vers les mathématiques supérieures.
12. Les bases de la réussite de l'enseignement mathématique secondaire.

J'espère sincèrement que ce livre va inspirer et motiver les lecteurs pour qu'ils puissent à leur tour inspirer et motiver les enfants afin qu'ils tombent amoureux des mathématiques, prennent plaisir à faire des mathématiques et s'y épanouissent. C'est notre obligation, en tant qu'enseignants, d'œuvrer en ce sens. J'irais plus loin encore : empêcher un élève d'avoir toutes ses chances en mathématiques et de découvrir toutes les portes qu'ouvre cette discipline est un crime intellectuel. Je suis convaincue que tous les lecteurs de cet ouvrage disposent des moyens nécessaires pour accompagner leurs élèves sur un voyage enrichissant et agréable au pays des mathématiques.

Mathématiquement vôtre,

MONICA NEAGOY

CHAPITRE 1

WONG KHOON YOONG

Introduction : un cadre pour apprendre à enseigner les mathématiques à l'école primaire

Apprendre à enseigner les mathématiques à des élèves du primaire est un parcours à la fois exigeant et stimulant – qui a peut-être commencé lorsque les futurs professeurs apprenaient eux-mêmes les mathématiques à l'école. Cette expérience d'apprentissage prend une signification nouvelle lorsqu'il s'agit d'apprendre à enseigner les mathématiques en formation initiale. Dans leur formation, les futurs enseignants doivent soumettre leurs expériences d'apprentissage à un examen critique, acquérir de nouvelles connaissances pédagogiques et développer des stratégies pour enseigner les mathématiques en fonction de différents objectifs. Cet ouvrage, conçu par des enseignants du Groupe universitaire de mathématiques et d'enseignement des mathématiques de l'Institut national d'éducation de Singapour, vise à faciliter le parcours de formation de ceux qui suivent les *modules* sur les programmes de mathématiques pour le primaire. Il comprend cinq chapitres sur le programme de mathématiques de Singapour, les théories d'apprentissage et de pédagogie, l'évaluation et la résolution de problèmes.

Les programmes de formation initiale pour les enseignants comportent souvent différents ensembles de *modules* – la **pédagogie**, avec des thématiques générales, des théories et des techniques liées à l'éducation ; l'**étude des programmes** ou la méthodologie propre à la discipline ; les **matières théoriques** qui englobent des connaissances de contenu de niveau universitaire ; le **stage** pratique. L'Institut national d'éducation de Singapour propose en outre des **modules d'études disciplinaires** destinés à approfondir les connaissances dans une matière scolaire comme les mathématiques. Ces différents modules poursuivent des objectifs distincts, mais il est vrai qu'ils peuvent se chevaucher dans une certaine mesure, l'enseignement étant une activité pluridimensionnelle. Lors d'un cours, l'enseignant doit savoir ce que font les élèves, veiller à ce qu'ils se consacrent bien aux activités qui leur ont été confiées, maintenir des interactions de qualité avec la classe entière et les différents élèves, et gérer les comportements en classe. Le succès de chaque cours dépend de nombreux facteurs étroitement liés : les compétences du professeur à enseigner les mathématiques, les acquis des élèves, la nature des activités pédagogiques et leur adéquation avec les besoins et les intérêts des élèves, les ressources disponibles et les « styles et croyances » du professeur en matière d'enseignement.

Si ces modules aident à comprendre les différents aspects de l'enseignement, il est utile de disposer également d'un cadre réunissant les principaux concepts et thèmes en un ensemble organisé et cohérent. Le cadre pour la *formation initiale réflexive* des enseignants de mathématiques constitue un tel outil. Il offre une vision holistique des liens entre les principaux facteurs d'un enseignement efficace.

Le cadre pour la formation initiale réflexive des enseignants de mathématiques

Ce cadre est représenté dans la figure 1-1. Il est composé de six éléments organisés autour de deux items centraux, « enseignant réflexif » et « pratique éprouvée ». Chaque élément comporte plusieurs thèmes. Les thèmes indiqués ne forment pas une liste exhaustive ; ils s'inspirent des thèmes actuellement discutés dans les publications didactiques et reflètent les préférences de l'auteur.

Au centre : enseignant réflexif et pratique éprouvée

Le cadre spécifie que l'objectif clé de la formation initiale réflexive consiste à donner les moyens aux futurs professeurs de devenir des praticiens réflexifs. Il est fondé sur les travaux importants de Schön (1983) sur les différents types de professionnels et appuyé par les didacticiens des mathématiques (par exemple Lerman, 1994). Un enseignant *réflexif* réfléchit à ce qu'il va faire et comment il va le faire. Après le cours, il analyse comment la séance s'est déroulée. Être réflexif, c'est le contraire de faire quelque chose de façon purement mécanique et routinière. Imaginons un futur professeur qui souhaite utiliser des représentations graphiques pour enseigner les fractions

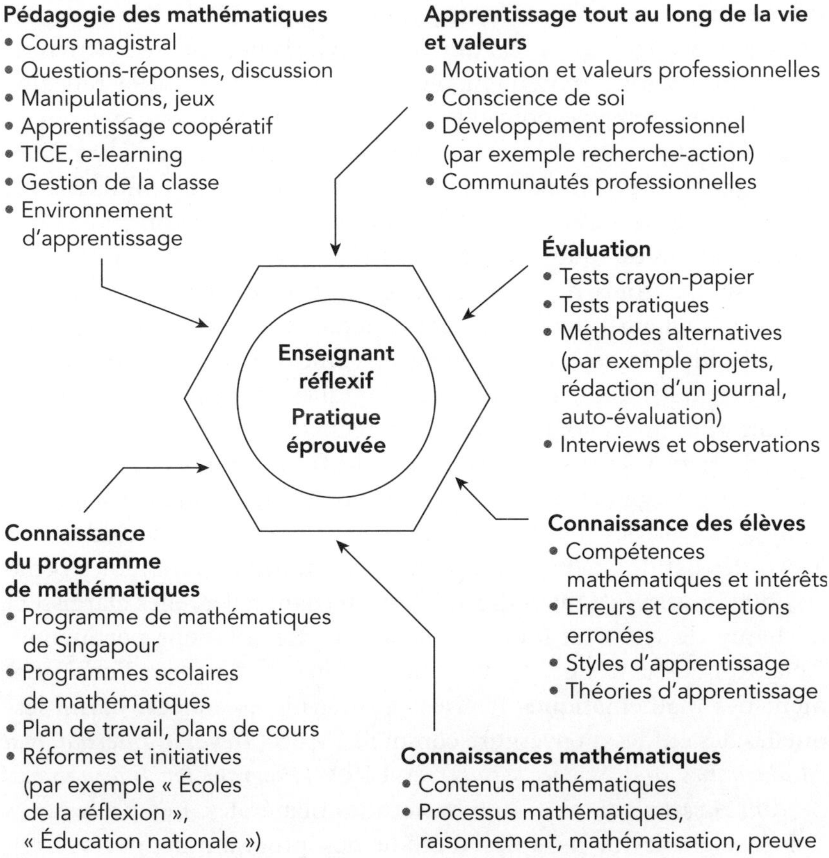

Figure 1-1. Cadre pour la formation initiale réflexive des enseignants de mathématiques

équivalentes. S'il le fait parce que le manuel ou une ressource numérique propose cette démarche, ou parce qu'il a vu d'autres enseignants procéder ainsi, son action n'est pas encore réflexive. Pour qu'elle le devienne, il faut peser le pour et le contre des différentes façons d'enseigner les fractions équivalentes, analyser la littérature sur le sujet et choisir la méthode la mieux adaptée aux acquis mathématiques des élèves. Le cours est ensuite organisé en conséquence, et le futur enseignant est attentif à la façon dont les élèves réagissent à différents aspects de l'enseignement, aux questions qu'ils lui posent ou à un éventuel manque d'intérêt par rapport aux tâches d'apprentissage proposées. Après le cours, il essaie de comprendre ce qui fonctionne et ce qui ne fonctionne pas en faisant le lien avec des principes pédagogiques tels que le behaviorisme, le constructivisme ou les théories de traitement de l'information. Une telle réflexion peut faire émerger de nouvelles connaissances pédagogiques qui ne sont souvent pas étayées : elles relèvent du savoir pratique *implicite* de l'enseignant. L'accumulation progressive de ce type de connaissances renforcera les pratiques futures, fondées sur la réflexion plutôt que sur des actions de routine ou des réactions à des incidents spécifiques en classe. Les cours de suivi peuvent s'en trouver enrichis.

Un enseignant réflexif utilisera différentes sources d'information pour décider de ce qu'il enseigne et comment il l'enseigne. Parmi ces sources, il y a les considérations logiques (par exemple enseigner l'addition avant la soustraction), les recherches empiriques menées par des tiers (Owens, 1993) et par le futur professeur lui-même (recherche-action, etc.), et l'expérience pratique d'autres enseignants et didacticiens des mathématiques. Il faut prendre en considération les études nationales pour comprendre et traiter les problèmes pédagogiques observés. Quant aux études internationales, elles élargissent le champ de vision et fournissent parfois des solutions pertinentes. Cela explique la fréquence des études transnationales sur l'enseignement des mathématiques réalisées ces dernières années, parmi lesquelles des études d'envergure comme TIMSS (*Trends in International Mathematics and Science Study*) et PISA (*Program for International Student Assessment*), ainsi que des études bilatérales. Les professeurs qui enseignent les modules d'étude des programmes partageront avec les futurs enseignants les règles empiriques d'un enseignement de qualité. Ces différentes sources d'information peuvent révéler des approches contradictoires parmi lesquelles l'apprenant ne pourra trancher que grâce à sa pratique concrète et sa réflexion critique. Il s'agit là d'un processus dynamique qui tient compte des changements quant aux profils des élèves, aux programmes et aux technologies éducatives. Par conséquent, le futur professeur ne saurait se contenter de quelques stratégies sans tenir compte de ces changements. Dans les modules consacrés aux programmes, on attend de ceux qui apprennent qu'ils utilisent différentes sources d'information pour justifier leurs choix pédagogiques lorsqu'ils rédigent les plans de cours et les tâches d'apprentissage.

Élément 1 : Connaissances mathématiques

La formation réflexive des enseignants de mathématiques s'appuie sur *une bonne maîtrise des connaissances mathématiques*[1] à enseigner. Des travaux de recherche montrent que les compétences des futurs professeurs se limitent parfois à l'application de procédures standard pour résoudre des problèmes mathématiques de routine. Il leur manque une compréhension approfondie des fondamentaux mathématiques, y compris pour expliquer pourquoi certaines règles et procédures fonctionnent, sinon de façon axiomatique formelle, à tout le moins en utilisant des justifications plausibles fondées sur des bases mathématiques solides (Ma, 1999). Pour additionner des fractions, par exemple, nous les réduisons au même dénominateur avant d'additionner les numérateurs tout en gardant le même dénominateur alors que pour multiplier des fractions, nous multiplions simplement les numérateurs et les dénominateurs entre eux. Pourquoi ces opérations fonctionnent-elles ainsi ? Pourquoi ne peut-on pas inverser les règles, comme dans les exemples qui suivent ?

$$\frac{1}{2}+\frac{2}{3}=\frac{1+2}{2+3}=\frac{3}{5}$$

(additionner les numérateurs et les dénominateurs séparément)

$$\frac{1}{2}\times\frac{2}{3}=\frac{3}{6}\times\frac{4}{6}=\frac{12}{6}$$

(multiplier les numérateurs et garder le même dénominateur)

Parmi d'autres principes difficiles à expliquer, il y a la règle de « l'inversion » lorsqu'on divise par une fraction ou la règle « négatif fois négatif égale positif » pour multiplier des nombres entiers (pour

1. NDE : souligné par l'éditeur français. Monica Neagoy, dans son ouvrage *Planting the Seeds of Algebra*, Corwin, 2012, formalise ainsi le lien nécessaire entre les connaissances de l'enseignant et sa capacité à enseigner : « Les enseignants savent bien, en tant que professionnels, qu'ils doivent savoir bien plus de choses que ce qu'ils enseignent. C'est ce que traduit le diagramme *Planting the seeds*, page 8 : Cercle intérieur : ce que nous enseignons ; Cercle extérieur : ce que nous devons savoir. Une bonne vision d'ensemble permet aux professeurs de bâtir intelligemment sur la base des fondations existantes. Un riche répertoire de connaissances permet aux professeurs d'accueillir et non de craindre les questions pointues de certains élèves, et de les inspirer avec ce que les mathématiques ont de plus fascinant plutôt que de les endormir avec des rituels ennuyeux. »

d'autres exemples, voir Crouse et Sloyer, 1977). Une grande partie de la formation réflexive est consacrée à ces questions complexes afin d'aider les futurs professeurs à développer des explications plausibles et des tâches d'apprentissage utiles pour leurs élèves. À Singapour, le module des études disciplinaires vise à approfondir la compréhension des domaines mathématiques enseignés à l'école primaire. Ces modules n'abordent pas les mathématiques de niveau universitaire, car cela n'engendre pas nécessairement une meilleure compréhension des mathématiques de niveau inférieur, un phénomène appelé « absence de transfert vers le bas » en matière de connaissances mathématiques (Wong, 1997). Pour citer Cooney (2001) :

> *En formation initiale, il manque souvent aux futurs enseignants les connaissances mathématiques clés de niveau scolaire et ils révèlent fréquemment des conceptions erronées. Cette observation semble s'appliquer à la fois aux étudiants affichant de bons résultats et à ceux qui ont du mal avec les mathématiques de base.* (p. 27)

Les réformes récentes des programmes de mathématiques, y compris à Singapour, mettent l'accent sur les capacités supérieures de réflexion, la créativité en mathématiques, les heuristiques de résolution de problèmes, les preuves et les justifications et « l'approche par modélisation » propre à Singapour (voir chapitre 4 sur les stratégies utilisées pour la résolution de problèmes). Ces ensembles de compétences mathématiques distinguent les futurs professeurs qui se contentent d'appliquer mécaniquement les règles de ceux capables de raisonnement mathématique (« mathématisation »). La maîtrise des connaissances et des réflexions mathématiques est essentielle si l'on veut donner aux futurs enseignants les moyens de répondre aux questions complexes de leurs élèves et les aider à progresser. Une façon très efficace de renforcer ses compétences mathématiques consiste à résoudre régulièrement de nouveaux problèmes (au-delà du niveau de l'enseignement primaire), de façon à devenir de meilleurs « mathématiciens » tout en apprenant à enseigner la matière.

Élément 2 : Connaissance du programme de mathématiques

Les professeurs singapouriens sont censés enseigner ce qui figure au programme officiel avec sa structure « pentagonale », expliquée au chapitre 2. Ils doivent connaître le programme scolaire sur le bout des doigts, y compris la raison d'être, les objectifs et l'étendue des différents domaines mathématiques au sein du programme, ainsi que les liens entre eux. Ces aspects seront traités dans le chapitre rédigé par Ng Swee Fong. À Singapour, il existe des professeurs qui enseignent au-delà de ce qui est demandé aux différents niveaux. Les élèves qui ne sont pas à la hauteur de ces exigences risquent d'être frustrés et d'abandonner les études de mathématiques, une situation fâcheuse qu'il convient d'éviter.

Les futurs professeurs devraient connaître le programme de mathématiques au-delà du niveau auquel ils vont les enseigner, par exemple la transition entre école maternelle et primaire, ou entre école primaire et secondaire. Ces connaissances leur permettront de mieux apprécier l'étendue des thèmes au sein d'un programme spiralaire[1]. Par ailleurs, ils doivent savoir traduire les documents du programme (le programme visé) sous forme de plans de travail spécifiques (le programme mis en œuvre) et de plans de cours. Le stage pratique leur apprendra davantage sur la façon dont les écoles mettent en œuvre les programmes.

Élément 3 : Connaissance des élèves

Enseigner, c'est aider les élèves à apprendre. Chaque élève est unique et vient à l'école avec ses forces et ses faiblesses, ses intérêts et ses besoins. Le célèbre psychopédagogue Ausubel (1968) souligne cet aspect crucial en mettant le principe suivant en frontispice de son ouvrage :

> *Si je devais réduire l'ensemble de la psychopédagogie à un seul principe, ce serait celui-ci : le facteur individuel le plus important pour l'apprentissage, c'est ce que celui qui apprend sait déjà. Découvrez-le, et enseignez en conséquence.*

1. NDE : dans le cas du programme de mathématiques de Singapour – comme de science d'ailleurs – la progression « spiralaire » (Bruner, 1960) s'entend d'une année sur l'autre, de la GS à la 6e. Ainsi, les principales notions (quatre opérations, fractions, aire, géométrie, tableaux) sont vues dès le CP puis approfondies d'année en année, réduisant ainsi au maximum le nombre de notions et de connaissances nouvelles. Cette progression extrêmement rigoureuse et progressive, qui explique en grande partie la qualité de la méthode, n'est pas à confondre avec les progressions spiralées hebdomadaires, où les notions de géométrie, algèbre, calcul mental sont vues un petit peu chaque jour.

Il est utile de savoir ce que les élèves ont appris au cours des années précédentes, y compris en dehors du cadre scolaire. Cela dit, même si un thème a été enseigné dans le passé, certains élèves ne le maîtrisent pas forcément ou ont oublié ce qu'ils ont appris. D'autres ont peut-être développé des conceptions erronées, par exemple que le résultat d'une division est toujours un nombre inférieur, ou qu'on ne peut soustraire un nombre d'un nombre plus petit (Watson, 1991). De nombreuses études ont montré que ces conceptions erronées sont fondées sur des généralisations abusives d'apprentissages *réussis*, ce qui les rend difficiles à corriger (Olivier, 1989). Les futurs enseignants doivent examiner ces idées fausses par le biais d'analyses des devoirs, d'interviews cliniques ou d'analyses d'erreurs (Newman, 1977). Les stratégies pour traiter ces difficultés d'apprentissage sont nombreuses (Ashlock, 2002). Il s'agit cependant d'une entreprise de longue haleine, et les professeurs sont souvent surpris par le nombre d'erreurs inattendues qu'ils constatent tout au long de leur carrière.

L'apprentissage des mathématiques sera plus efficace et plus pérenne s'il tient compte des intérêts et des besoins des élèves. Les élèves plus jeunes s'intéressent naturellement à leur environnement, et cette curiosité devrait être le point de départ d'une leçon. Le célèbre pédagogue de mathématiques Sawyer (1964) écrit :

> *C'est extrêmement facile d'enseigner les mathématiques à des enfants très jeunes, car ils ont de la curiosité d'esprit et de l'autonomie ; ils cherchent tout naturellement à comprendre les choses.* (p. 5)

Le professeur doit encourager ses élèves à découvrir les choses par eux-mêmes, mais il faut que ces choses soient à leur portée. Parmi les activités qu'il peut mettre en place, il y a l'utilisation des mathématiques pour compter, mesurer, localiser, concevoir (activités manuelles), expliquer et jouer (jeux de stratégie) (Bishop, 1991). Sans oublier bien sûr que tous les élèves n'ont pas les mêmes intérêts, ni les mêmes besoins, tout comme ils n'ont pas les mêmes styles ou préférences d'apprentissage (activités pratiques, écoute, lecture, dessin, écriture). Ces différences doivent être prises en compte pour que l'apprentissage soit efficace.

Élément 4 : Pédagogie des mathématiques

Il existe de nombreuses façons d'enseigner les mathématiques : la pédagogie frontale centrée sur l'enseignant, les questions-réponses, l'apprentissage coopératif en petits groupes, le travail pratique avec des manipulations concrètes, le recours à la littérature de jeunesse et aux histoires de mathématiciens, les calculatrices et les TICE, les échanges centrés sur l'élève et les enquêtes mathématiques. Ces techniques reposent sur différents modèles théoriques (Joyce, Calhoun et Hopkins, 1997) associés à des principes pratiques (Yelon, 1996). Les méthodes générales, souvent enseignées dans les modules de pédagogie, doivent être adaptées aux mathématiques. Pour Shulman (1986), ces connaissances pédagogiques de contenu englobent :

> *[...] les façons de représenter et de formuler le sujet qui le rendent compréhensible à d'autres [...] une compréhension de ce qui rend l'apprentissage de thèmes spécifiques facile ou difficile : les conceptions et les idées préconçues qui marquent les élèves de divers âges et horizons lorsqu'ils apprennent les thèmes et les leçons le plus souvent enseignés.* (p. 9)

Le cours magistral est largement utilisé dans l'enseignement des mathématiques. Sa principale caractéristique est sa clarté. Un exposé clair comprend des exemples et contre-exemples appropriés pour illustrer la signification des concepts ; il suit un ordre logique et utilise un langage adapté au public cible. L'exposé peut être enrichi de simulations utilisant du matériel de manipulation, des applets et d'autres ressources des TICE. Les futurs professeurs auront besoin de temps pour maîtriser ces techniques complexes. Il faut une pratique plus soutenue pour développer des approches novatrices comme le travail en groupe et le questionnement libre accompagné par des tuteurs (par exemple le micro-enseignement) et des enseignants coopératifs expérimentés (pendant le stage pratique). Pendant la formation réflexive, on attend des futurs enseignants qu'ils s'approprient un nombre limité de techniques pédagogiques qu'ils pourront utiliser en toute confiance plutôt qu'un ensemble de techniques, sources de perplexité et impossibles à mettre en œuvre durant le stage. Au chapitre 3, Douglas Edge présente un modèle réaliste pour aider les futurs professeurs à concevoir leurs cours.

La pédagogie des mathématiques doit être associée à une gestion efficace des comportements des élèves en classe, de sorte que les élèves soient pleinement engagés dans l'apprentissage. Cela suppose un environnement positif et chaleureux où les idées des élèves sont valorisées et mises à profit. Ce sont en effet souvent les expériences émotionnelles et sociales en classe dont les élèves se souviennent encore à l'âge adulte, alors que les contenus qu'on leur a enseignés ont été oubliés depuis longtemps (Bluestein, 1995).

Élément 5 : Évaluation des apprentissages

Enseigner n'aboutit pas forcément aux apprentissages visés : c'est un message clé qu'il faut souligner. Un enseignant efficace observe dans quelle mesure les élèves ont compris la leçon en utilisant l'évaluation formative et sommative. Pour l'évaluation formative – ou continue – le professeur vérifie ce que les élèves ont compris pendant le cours, en se déplaçant pour observer le travail des uns et des autres, en posant des questions à la classe entière et à différents élèves en particulier, en écoutant leurs discussions, etc. On attend des enseignants qu'ils vérifient les progrès réalisés en notant régulièrement les devoirs. Des informations issues de différentes sources renseignent sur la qualité et la quantité des apprentissages. Elles sont utiles pour concevoir des cours, des activités de remédiation et d'approfondissement ainsi que des expériences afin de développer les bonnes habitudes d'apprentissage.

L'évaluation sommative consiste en général à réaliser des épreuves écrites dans un laps de temps défini. On l'utilise pour évaluer la précision et la rapidité dans la réalisation de diverses tâches. Elle reflète les progrès des élèves à des moments précis de l'année scolaire. Les résultats de l'évaluation sommative sont communiqués aux parents et utilisés pour le passage à la classe supérieure ou comme récompense. À Singapour, les élèves passent l'examen de fin d'études primaires à la fin de la 6e. Cela incite souvent les enseignants à centrer leurs cours sur la préparation de l'examen, et la pression exercée sur les élèves pour qu'ils réalisent de bons résultats est grande. Au chapitre 5, Yeap Ban Har et Lee Ngan Hoe décrivent comment concevoir et noter des tests écrits similaires aux examens de fin d'études primaires[1].

Ces dernières années, le ministère de l'Éducation de Singapour encourage l'utilisation d'autres méthodes d'évaluation. Voici quelques exemples :

- Résultats cognitifs : tâches de performance, investigations, projets, présentations orales, évaluation entre pairs, auto-évaluation

1. NDE : À Singapour, l'école primaire se termine à la fin de la 6e année, soit l'équivalent en France de la classe de sixième.

– Engagement affectif et croyances : *checklists*, journaux d'élèves, observations de l'enseignant
– Compétences d'apprentissage : réflexion des élèves, *checklists*, interviews

Il s'agit là de techniques d'évaluation avancées habituellement enseignées en formation continue. Les futurs enseignants devraient néanmoins apprendre dès leur formation initiale pour quelles raisons et à quelles fins ces techniques sont utilisées.

Élément 6 : Apprentissage tout au long de la vie et « valeurs »

Les cinq éléments que nous venons de passer en revue traitent de connaissances, de compétences et de techniques spécifiques. Le sixième et dernier élément, loin d'être le moins important de tous, renvoie aux valeurs et traits de personnalité qui favorisent l'apprentissage tout au long de la vie.

Les futurs enseignants devraient s'interroger sur ce qui les pousse à s'engager dans cette carrière. De nombreuses raisons sont avancées : le désir de travailler avec les enfants et de les aider à développer leur personnalité, le souhait de transmettre des connaissances ou des valeurs, de rendre la vie des enfants un peu différente, le fait d'avoir un salaire régulier, etc. Pour répondre à la question des motivations, il faut s'appuyer sur ses propres valeurs, croyances et interprétations du métier. La formation qu'il reçoit donne au futur professeur l'occasion de confronter ses motivations à la réalité du métier, notamment lorsqu'il passe un certain temps sur le terrain.

Le modèle de formation des enseignants INE (Institut National d'Éducation, Singapour) développé par la Fondation des programmes en 2004-2005 comporte des « valeurs » importantes pour un enseignant débutant. Le tableau 1-1 présente ces valeurs et indique dans quelle mesure elles sont utiles.

Pendant leur formation, les futurs enseignants doivent adopter un comportement professionnel et défendre des valeurs positives : être responsable de son propre apprentissage et de ses actes, respecter les opinions d'autrui, participer activement aux discussions et être prêt à s'investir. L'enseignant joue en effet un rôle clé dans sa classe, mais aussi dans diverses fonctions au sein de l'école. Cette attitude peut être transmise à travers le travail formel, mais aussi par des activités informelles. C'est cet effort collectif, à en croire Urbanski (2003),

Tableau 1-1. Les valeurs d'un enseignant débutant (modèle INE) et leur importance pour un futur professeur

Valeurs (modèle INE)	Futur professeur
Croyance que tous les élèves peuvent apprendre	– Être convaincu que les élèves peuvent apprendre les mathématiques – Proposer des activités avec des prérequis différents
Sens de la responsabilité envers tous les élèves	– Proposer des activités répondant aux intérêts et aux besoins des élèves – Fournir de nombreuses possibilités de réussir en mathématiques – Utiliser des techniques d'évaluation équitables
Respect de la diversité	– Utiliser des contextes dépourvus de préjugés liés au sexe, à l'appartenance ethnique, à la religion, au milieu social – Inclure des activités de nature à remettre en cause leurs préjugés, et à réfléchir sur des questions d'ordre moral
Engagement et dévouement pour le métier	– Adhérer à des groupements professionnels
Goût pour la coopération et le partage, esprit d'équipe	– Travailler en équipe pour partager les outils pédagogiques et les expériences – Publier des articles sur l'apprentissage personnel
Motivation pour l'apprentissage continu, l'excellence et l'innovation	– Améliorer ses compétences de résolution de problèmes – Inculquer une passion pour les mathématiques – Faire de la recherche-action pour tester de nouvelles techniques pédagogiques

qui fait la différence entre une réforme modeste et une réforme plus ambitieuse de l'enseignement.

En matière d'éducation des élèves, l'essentiel, ce sont les connaissances, les compétences et les attitudes des professeurs. Et en matière d'amélioration de l'enseignement, les connaissances des enseignants et la sagesse collective peuvent faire la différence entre une action d'innovation aléatoire et une réelle réforme. (p. V)

La conscience de soi est une autre caractéristique qu'un enseignant doit développer tout au long de sa carrière, et ce dès la formation initiale. Les futurs professeurs doivent bien connaître leur propre personnalité et être conscients de leurs préférences et de leurs expériences pédagogiques. Pour Yelon (1996), « la moitié du plaisir de devenir un bon enseignant, c'est de s'efforcer de connaître sa discipline de façon à pouvoir l'enseigner mieux » (p. 265). L'autre moitié, c'est peut-être de se connaître suffisamment bien pour savoir déterminer les points à améliorer dans une perspective d'apprentissage tout au long de la vie.

L'enseignement est un métier évolutif, tout au long d'une vie, que les politiques éducatives, l'environnement scolaire, les caractéristiques des élèves et beaucoup d'autres choses sont appelés à changer. Pour faire face à ces changements, les professeurs doivent adopter les techniques et stratégies apprises pendant la formation réflexive et utiliser diverses sources d'information de façon réflexive. Parmi les activités susceptibles de les aider à évoluer, il y a la recherche-action et les cercles d'apprentissage, l'engagement dans les associations professionnelles et différents types de formations.

Liens entre les six éléments

Les six composantes du cadre pour la formation réflexive sont conçues de façon à transmettre l'idée principale suivante : pour devenir des praticiens réflexifs, les futurs professeurs doivent avoir acquis les connaissances et processus mathématiques nécessaires, qui sont le fondement de la formation réflexive et du développement ultérieur[1]. Les connaissances de base doivent aller au-delà des procédures mathématiques standard. Pour les enseigner, il faut les relier au programme de mathématiques et comprendre comment les différents thèmes sont articulés. Il faut également des connaissances mathématiques pour comprendre les raisonnements et les idées fausses des élèves. Ces trois types de connaissances, ainsi que l'expérience et les enseignements tirés d'autres sources, sont ensuite utilisés pour développer des techniques d'enseignement (pédagogie des mathématiques) et faire le point sur les apprentissages des élèves (évaluation), depuis la simple mémorisation jusqu'à une réflexion de niveau supérieur sans oublier les domaines cognitifs et affectifs. C'est cet ensemble qui constitue les « connaissances pédagogiques » de

1. NDE : souligné par l'éditeur français.

contenu de l'enseignant. Enfin, le goût pour l'apprentissage tout au long de la vie et l'adhésion à certaines valeurs doivent être transmis dès la formation initiale afin que le futur enseignant puisse être un praticien réflexif tout au long des étapes ultérieures de son évolution professionnelle.

Le cadre de la formation réflexive est un bon outil pour découvrir les qualités personnelles et les compétences qu'on attend d'un enseignant de mathématiques qualifié. On peut ensuite comparer cette liste à celles proposées par d'autres pédagogues, par exemple les « Déclarations de position pour des enseignants hautement qualifiés » (Conseil national des enseignants de mathématiques, www.nctm.org/about/pdfs/position/qualified.pdf). Les futurs professeurs peuvent utiliser ces idées pour évaluer la qualité de leur propre formation.

Conclusion

C'est au chercheur américain William Arthur Ward que nous devons cette citation célèbre :

Le professeur médiocre raconte, le bon professeur explique, le professeur supérieur démontre, les meilleurs inspirent.

En travaillant sur les différents modules de la formation réflexive, les futurs enseignants devraient voir évoluer leur perception de l'enseignement des mathématiques : enseigner, c'est d'abord *raconter* aux élèves ce qu'il faut faire, puis *expliquer* clairement les concepts et principes derrière les règles, ensuite *démontrer* les significations à travers différents types de représentation et enfin *inspirer* les élèves pour qu'ils aient envie de maîtriser les mathématiques, non seulement pour réussir un examen, mais aussi pour se passionner pour cette matière et ses applications dans la vie quotidienne et ailleurs. Les connaissances, aptitudes et caractéristiques résumées dans le cadre théorique que nous venons de présenter devraient préparer les futurs professeurs à faire de leur parcours vers l'excellence dans l'enseignement une entreprise exaltante, mais peut-être difficile à réaliser. Les autres chapitres de cet ouvrage fournissent des points de repère pour réussir ce parcours.

Références bibliographiques

Ashlock, R. B. (2002), *Error Patterns In Computation: Using Error Patterns to Improve Instruction*, (8e éd.), New York : Merrill-Prentice Hall.

Ausubel, D. P. (1968), *Educational Psychology: A Cognitive View*, New York : Holt, Rinehart and Winston.

Bishop, A. J. (1991), *Mathematical Enculturation: A Cultural Perspective on Mathematics Education*, Norwell, MA : Kluwer Academic Publishers.

Bluestein, J. (1995), *Mentors, masters and Mrs. MacGregor: Stories of Teachers Making a Difference*, Deerfield Beach, Floride : Health Communications.

Cooney, T. J. (2001), « Considering the paradoxes, perils, and purposes of conceptualizing teacher development », *in* : F. L. Lin & T. J. Cooney (éd.), *Making Sense of Mathematics Teacher Education* (p. 9–31), Dordrecht, Pays-Bas : Kluwer Academic Publishers.

Crouse, R. J. & Sloyer, C. W. (1977), *Mathematical Questions From the Classroom*, Boston : Prindle, Weber & Schmidt.

Joyce, B., Calhoun, E. & Hopkins, D. (1997), *Models of Learning: Tools For Teaching*, Buckingham : Open University Press.

Lerman, S. (1994), « Reflective practice », *in* : B. Jaworski & A. Watson (éd.), *Mentoring in Mathematics Teaching* (p. 52-64), Londres : Falmer Press.

Ma, L. A. (1999), *Knowing and Teaching Elementary Mathematics: Teachers' Understanding of Fundamental Mathematics in China and the United States,* Mahwah, NJ : Lawrence Erlbaum Associates.

Newman, A. (1977), « An analysis of six-grade pupils' errors on written mathematical tasks », *in* : M. A. Clements & J. Foyster (éd.), *Research in Mathematics Education in Australia* (vol. 1) (p. 239-258), Melbourne, Australie : Swinburne Press.

Olivier, A. (1989), « Handling pupils' misconceptions », *Pythagoras, 21*, p. 10-19.

Owens, D. T. (éd.) (1993), *Research Ideas For the Classroom: Middle Grades Mathematics*, New York : Macmillan.

Sawyer, W. W. (1964), *Vision in Elementary Mathematics*, Mineola, NY : Dover Publications.

Schön, D. A. (1983), *The Reflective Practitioner: How Professionals Think in Action*, New York : Basic Books.

Shulman, L. S. (1986), « Those who understand: Knowledge growth in teaching », *Educational Researcher, 15*(2), p. 4-14.

Urbanski, A. (2003), « Foreword », *in* : E. Meyers & F. Rust (éd.), *Taking Action With Teacher Research* (p. v–ix), Portsmouth, MA : Heinemann.

Watson, J. (1991), « Preparing teachers to prepare children », *in* : J. A. Malone & L. D. Miller (éd.), *Collected Papers Presented at the 9th Biennial Conference of the Mathematics Education Lecturers Association,* (Mathematics Education Lecturers' Association, Perth, 1991) (p. 109-117).

Wong, K. Y. (1997), « Pupil teachers' construction of content knowledge in secondary mathematics », *in* : L. C. Arañador, I. N. Valencia & T. Vui (éd.), *Proceedings of the 1997 International Conference on Cooperative Learning and Constructivism in Science and Mathematics Education* (SEAMEO RECSAM, Penang) (p. 2-1–2-6).

Wong, K. Y. (2003), « Mathematics-based national education: A framework for instruction », *in* : S. K. S. Tan & C. B. Goh (éd.), *Securing Our Future: Sourcebook for Infusing National Education into the Primary School Curriculum* (p. 117–130), Singapour : Pearson Education Asia.

Yelon, S. L. (1996), *Powerful Principles of Instruction*, White Plains, NY : Longman Publishers USA.

CHAPITRE 2

NG SWEE FONG

Les mathématiques à l'école primaire : le programme de Singapour

Introduction

Les enseignants de mathématiques savent en général que Singapour figure en tête des évaluations internationales telles que la troisième étude IMSS (*International Mathematics and Science Study)* ou la dernière étude TIMSS (*Trends in International Mathematics and Science Study*). En revanche, le fait que Singapour a occupé le 16e rang seulement parmi les 26 pays qui ont participé à la deuxième étude SISS (*Second International Science Study*) de 1983-1984 est peu connu. Pour le ministère de l'Éducation singapourien, l'amélioration de la performance enregistrée lors de l'étude TIMSS par rapport à l'étude SISS est à mettre au crédit des changements introduits dans les programmes de mathématiques et de sciences (MOE, 1996). Ce chapitre présente le programme qui appuie l'apprentissage et l'enseignement des mathématiques à l'école primaire.

Le ministère de l'Éducation de Singapour compte plusieurs divisions, dont celle en charge de la conception et du développement des programmes, la CPDD (*Curriculum Planning and Development Division*). La principale fonction de la CPDD consiste à conceptualiser le programme de mathématiques et à y apporter régulièrement des modifications qui sont ensuite mises en œuvre par les enseignants. En 1990, le ministère a procédé à une réforme mettant davantage l'accent sur le développement des concepts mathématiques et l'aptitude à les appliquer pour résoudre des problèmes. En introduisant en 1998 la démarche « Écoles de la réflexion, pays de l'apprentissage permanent », la CPDD a redéfini le programme de mathématiques en y intégrant les trois projets suivants : « Compétences de réflexion », « Technologies de l'information » et « Éducation nationale ». Les résultats de ces mesures sont documentés dans *The Mathematics Syllabus – Primary 2001* (CPDD, 2000). En 2005 a eu lieu une refonte importante des programmes de mathématiques pour l'enseignement primaire, secondaire et pré-universitaire. *The Mathematics Syllabus – Primary 2007* (CPDD, 2006) résume cette réforme au niveau de l'école élémentaire. L'introduction des calculatrices comme outils mathématiques constitue la modification la plus importante impulsée par cette réforme. La CPDD développe en outre un programme détaillé pour chacune des six années de l'enseignement primaire à Singapour. Dans *The Mathematics Syllabus – Primary 2007* (CPDD, 2006), les domaines enseignés et les objectifs correspondants sont spécifiés avec précision. Les enseignants disposent ainsi de directives claires quant aux contenus à transmettre aux élèves.

Pourquoi le programme de mathématiques est-il si important pour le développement du pays ? Singapour est une cité-État dépourvue de ressources naturelles. En raison de ce manque, le développement économique du pays est subordonné au développement de ses ressources humaines. Il n'est donc pas surprenant qu'un des objectifs de l'éducation consiste à « soutenir les jeunes Singapouriens ayant de la curiosité intellectuelle et qui souhaitent réfléchir de façon différente, résoudre de nouveaux problèmes et créer de nouvelles opportunités pour l'avenir » (MOE, 2005). Le programme de mathématiques pour l'enseignement primaire est conçu pour réaliser cet objectif : créer une nation où chaque citoyen reçoit l'éducation lui permettant de développer son plein potentiel.

Ce chapitre vise à analyser comment le programme de mathématiques soutient le développement d'une société numérique en mesure de relever les défis d'un monde en perpétuel changement. Il sera particulièrement intéressant de voir de quelle façon le programme favorise la capacité d'un enfant à résoudre des problèmes. Dans les quatre parties qui suivent, je présenterai d'abord les objectifs de l'éducation mathématique à Singapour avant d'examiner le cadre qui détermine l'enseignement et l'apprentissage des mathématiques à l'école primaire. J'analyserai ensuite les caractéristiques uniques du programme en me référant à deux documents, *The Mathematics Syllabus – Primary 2001* et *The Mathematics Syllabus – Primary 2007*. Le second texte s'appuie largement sur le premier, et les objectifs de l'éducation mathématique restent valables pour les deux réformes. Dans ma conclusion, j'analyserai certaines difficultés éprouvées par les professeurs quant à l'implémentation du programme prévu, et je donnerai quelques pistes pour les surmonter.

Objectifs de l'éducation mathématique

Pourquoi souhaitons-nous que les enfants apprennent les mathématiques ? Même si la réussite aux examens semble parfois être la principale motivation, les objectifs de l'éducation mathématique indiqués dans la liste ci-dessous prônent une vision élargie de la discipline et de son apprentissage. Selon cette vision, apprendre les mathématiques ne se limite pas à l'apprentissage d'un ensemble de notions, de faits, de compétences ou de processus isolés. Nous recommandons plutôt des expériences où les enfants participent activement et en toute confiance à l'apprentissage et à l'application des mathématiques. Cette vision s'explique en partie par la prise de conscience qu'au sein d'une société technologique, il existe des besoins accrus en matière de compétences de résolution de problèmes mathématiques. C'est aussi une réponse aux exigences d'un monde en évolution constante où chacun est censé apprendre tout au long de sa vie[1].
À Singapour, l'éducation mathématique doit permettre à l'enfant de :

- s'approprier les notions et compétences mathématiques nécessaires pour la vie de tous les jours et pour l'apprentissage permanent en mathématiques et dans les disciplines connexes ;
- développer les aptitudes nécessaires pour l'acquisition et l'application des notions et compétences mathématiques ;
- développer les compétences de raisonnement et de résolution de problèmes mathématiques, et appliquer ces compétences à la formulation et la résolution de problèmes ;
- reconnaître et utiliser les liens entre les idées mathématiques, et entre les mathématiques et d'autres disciplines ;
- développer une attitude positive vis-à-vis des mathématiques ;
- faire un usage efficace de divers outils (dont les TICE) lors de l'apprentissage et de l'application des mathématiques ;
- réaliser un travail original et créatif à partir d'idées mathématiques ;
- développer les aptitudes à raisonner de façon logique, à communiquer en langage mathématique et à apprendre de façon coopérative et indépendante (CPDD, 2006).

1. NDE : Pour reprendre une citation fameuse de Maria Montessori : « N'élevons pas nos enfants pour le monde d'aujourd'hui. Ce monde n'existera plus lorsqu'ils seront grands. Et rien ne nous permet de savoir quel monde sera le leur : alors, apprenons-leur à s'adapter. »

Cadre du programme de mathématiques

L'enseignement et l'apprentissage des mathématiques sont synthétisés dans le cadre pentagonal (CPDD, 2006, voir figure 2-1). Ce cadre présente les cinq composantes qui forment la base de la pédagogie des mathématiques depuis l'école primaire jusqu'au niveau pré-universitaire. La conceptualisation du programme vise avant tout à permettre aux enfants de développer leurs aptitudes en matière de résolution de problèmes mathématiques (CPDD, 2005) dans un grand nombre de situations, dont des problèmes non routiniers, ouverts et ancrés dans le monde réel. Pour acquérir ces aptitudes, les enfants doivent développer :

- une compréhension conceptuelle des notions mathématiques, des aptitudes en matière de compétences et de processus ;
- une attitude positive par rapport à l'apprentissage des mathématiques ;
- une prise de conscience de leurs propres aptitudes métacognitives.

Je vais à présent décrire chacune de ces cinq composantes.

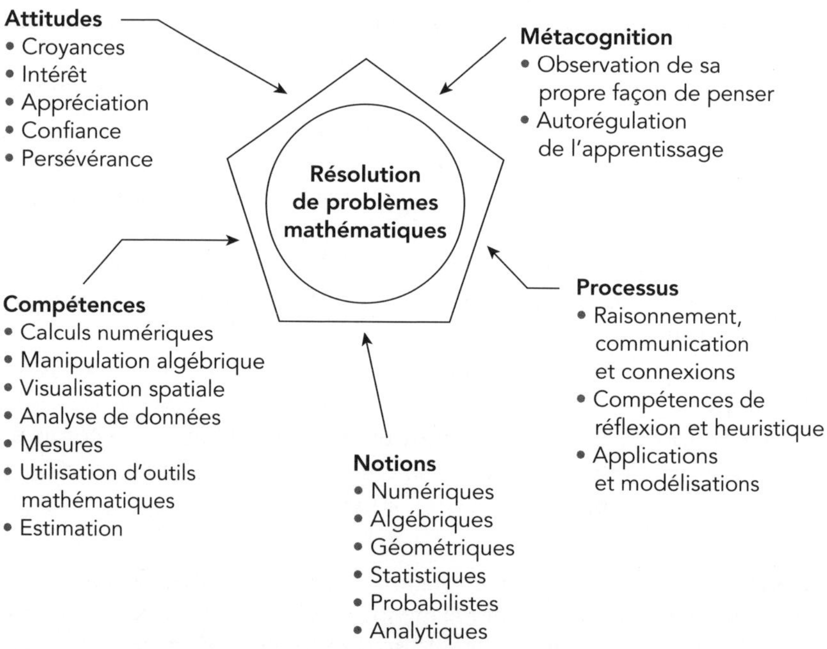

Figure 2-1. Cadre pentagonal

Notions

Le programme recommande que l'enseignement des notions mathématiques – numériques, géométriques, algébriques et statistiques – soit conçu comme une étape pour aider les enfants à comprendre le raisonnement mathématique sous-jacent. On espère qu'une fois que les enfants auront compris les concepts mathématiques, ils seront plus à même de percevoir les liens entre les idées ainsi que les applications de ces concepts dans différents contextes. Ils seront alors plus confiants quant à l'utilisation de ces notions, et plus sensibles à la beauté des mathématiques. En outre, il est essentiel de mettre la compréhension des notions au centre de l'apprentissage, car « pour atteindre un bon niveau en mathématiques, y compris en calcul, il faut en comprendre les notions » (Madsen, Smith et Lanier, 1995). On recommande aux enseignants de fournir aux élèves des expériences d'apprentissage très variées pour qu'ils puissent développer une compréhension solide de ces concepts.

Compétences

Parmi les compétences nécessaires pour résoudre des problèmes figurent le 1) calcul numérique et mental, 2) la visualisation spatiale, 3) l'analyse de données, 4) l'utilisation d'outils mathématiques et 5) l'estimation. S'il est vrai que la maîtrise de tels savoir-faire est précieuse pour le processus de résolution de problèmes, ces compétences ne devraient pas être utilisées de façon irréfléchie. Il appartient à l'enseignant de trouver un juste équilibre entre deux démarches : laisser les élèves acquérir suffisamment de pratique dans le maniement de ces outils, de sorte qu'ils puissent y recourir à volonté, et leur proposer des expériences leur montrant que les mathématiques sont bien davantage que l'application mécanique de compétences. Comment trouver ce juste équilibre est un problème auquel tous les enseignants sont confrontés en permanence. Les auteurs du présent ouvrage proposent des solutions.

Processus

Les processus comprennent 1) le raisonnement mathématique, 2) la communication, 3) l'établissement de liens, 4) les compétences de réflexion et 5) l'heuristique. Ces aptitudes sont des compétences de contenu nécessaires pendant le processus d'acquisition et d'application des connaissances mathématiques.

Raisonnement mathématique, communication et établissement de liens

Appliquer le raisonnement mathématique pour analyser une situation donnée, puis faire des déductions quant au problème à traiter représentent un aspect important de l'apprentissage. Tout aussi important, il faut laisser les enfants communiquer leurs idées et raisonner de façon cohérente et logique avec eux-mêmes, leurs pairs, leurs professeurs et une communauté plus large, qui peut englober les personnes en charge d'évaluations formatives ou sommatives. Les enfants ont besoin d'occasions leur permettant d'utiliser un langage approprié pour justifier leurs solutions et convaincre leur public. Le simple fait d'articuler ses pensées peut aider l'enfant à clarifier davantage son raisonnement[1] et, partant, à améliorer sa compréhension des liens entre différents concepts. L'enseignant doit veiller à ce que différents types de communication aient lieu dans sa salle de classe – interactions entre professeur et élèves, entre élèves, et chez l'élève individuellement. Dans ce dernier cas, lorsqu'un enfant écrit pour communiquer les mathématiques qu'il utilise pendant le processus de résolution du problème, l'enseignant en apprend beaucoup sur ses connaissances, mais aussi sur son attitude à l'égard des mathématiques.

Apprendre les mathématiques devient signifiant lorsque le raisonnement et les processus mathématiques peuvent être appliqués à des

1. NDE : C'est cette étape essentielle que les auteurs Steve Bissonnette, Clermont Gauthier et Mario Richard appellent « l'objectivation » – 3e étape du processus d'enseignement explicite : 1) mise en situation 2) expérience d'apprentissage 3) objectivation. « L'enseignant incite les élèves à nommer les éléments importants à partir de l'activité d'apprentissage qui a été réalisée. Ces éléments essentiels pourront être organisés sous forme de tableaux, de schémas, de réseaux conceptuels, etc., et même être consignés par écrit dans un cahier synthèse. Les élèves à qui on ne donne pas la possibilité de prendre conscience de ce qu'ils apprennent conservent généralement l'impression de n'avoir rien appris. Par contre, les élèves qui explicitent, qui mettent des mots sur ce qu'ils ont appris non seulement apprennent mieux mais goûtent aussi au plaisir de savoir, qui engendre à son tour le désir d'en apprendre davantage. » (in *Enseigner*, Sous la direction de Vincent Dupriez et Gaëtane Chapelle (PUF, coll. Apprendre, 2007, pp. 107-116.)

problèmes du quotidien ainsi qu'à des domaines d'étude indépendants en sciences sociales et naturelles. Il devient plus facile pour les enfants de comprendre que les mathématiques ne sont pas spécifiques à la discipline mais bel et bien présentes à tous les niveaux de la vie. D'où la nécessité de leur proposer un large éventail d'activités basées sur les mathématiques pour les amener à développer cette compréhension.

Compétences de réflexion et heuristique

Les processus nécessaires pour la résolution de problèmes comprennent à la fois les compétences de réflexion et l'heuristique. Parmi les compétences de réflexion adaptées à l'enseignement primaire, il y a la classification, la comparaison, l'identification de régularités et de relations, et la visualisation spatiale. L'heuristique est basée sur l'utilisation qui en est faite et peut être répartie en quatre catégories générales, comme indiqué dans le tableau 2-1.

Tableau 2-1. Catégorisation de quelques heuristiques

Catégories	Exemples d'heuristiques
Faire une représentation	Réaliser un dessin ou une liste, ou chercher une régularité
Proposer une estimation calculée	Faire une estimation et vérifier, faire une supposition
Évaluer le processus	Représenter le problème, travailler en sens inverse, identifier l'effet avant/après
Changer le problème	Simplifier le problème, reformuler le problème, résoudre une partie du problème

Les deux dernières composantes – attitudes et métacognition – dépendent de chaque enfant et ne peuvent pas être enseignées comme des domaines mathématiques.

Attitudes

Les enfants ayant une attitude positive s'amusent en faisant des mathématiques et apprécient la puissance et la beauté de cette discipline. Les enfants sûrs de leurs connaissances sont plus à même de persévérer lorsqu'ils rencontrent des obstacles au cours du processus de résolution d'un problème. D'où l'importance du rôle de l'enseignant qui doit veiller à choisir une grande variété d'activités pour intéresser tous les élèves, quelles que soient leurs capacités, et aider chacun à développer une image positive de lui-même quant à l'apprentissage et l'application des mathématiques.

Métacognition

La métacognition renvoie à la conscience qu'ont les enfants de leur propre réflexion et de leur capacité à surveiller et contrôler leur réflexion. Les enfants utilisent leur aptitude métacognitive lorsqu'ils savent pourquoi ils choisissent telle ou telle stratégie ou méthode plutôt qu'une autre pour résoudre un problème. Ils savent aussi pourquoi certaines méthodes sont inefficaces.

Les recherches montrent que les enfants acquièrent très rapidement une vision restreinte des mathématiques et de ce que faire des mathématiques peut signifier. Il est impossible de développer des attitudes et des comportements positifs si l'expérience qu'ont les enfants de la discipline se limite à faire des additions sur des feuilles de travail. Ils développent alors la croyance négative que faire des mathématiques signifie exercices mécaniques et apprentissage par cœur. Mais si leur expérience des mathématiques est faite à la fois d'activités de routine et d'activités plus inhabituelles où on leur demande de réfléchir aux outils dont ils pourraient se servir pour résoudre un problème, les élèves sont plus enclins à acquérir la croyance que les mathématiques sont bien davantage que le fait de remplir des fiches de travail et de passer des examens. Ils se familiarisent avec une utilisation dynamique des mathématiques et se perçoivent eux-mêmes comme des personnes chargées de résoudre des problèmes[1]. Ils découvrent leur attitude par rapport aux mathématiques et prennent conscience de leurs propres capacités de contrôle. Afin de développer ce type d'attitude, le programme (CPDD, 2006) recommande les activités de développement suivantes :

- Offrir aux enfants des expériences permettant de comprendre quand et comment utiliser certaines compétences de réflexion et heuristiques de résolution de problèmes.

1. NDE : souligné par l'éditeur français.

- Leur permettre d'expliquer, au professeur ou à leurs pairs, oralement ou sous forme écrite, comment ils résolvent un problème donné. Ici, on encourage les enfants à expliquer pourquoi ils préfèrent certaines stratégies à d'autres (c'est-à-dire comment ils savent ce qu'il convient de faire).
- Leur demander non pas de résoudre un problème, mais d'expliquer ce qu'ils feraient pour le résoudre.
- Encourager les enfants à partager leurs solutions avec leurs pairs. Ils discutent pour comprendre pourquoi différentes approches pourraient être utilisées pour résoudre le même problème, et pourquoi d'autres stratégies seraient vouées à l'échec.

Les caractéristiques uniques du programme de Singapour

Un programme spiralaire (Bruner, 1960)

Le programme de Singapour pour l'enseignement des mathématiques à l'école primaire adopte une structure spiralaire pour le développement des notions, compétences et processus. Le tableau 2-2 montre, à l'aide d'un exemple, comment un thème (fractions) est développé dans le programme.

Le programme développe une notion de fractions à la fois, et ce peut être sur une ou deux années. Ainsi, le concept de fractions en tant que parts égales d'un tout est développé une première fois en CE1, puis repris et reconstruit en CE2, moment où la notion de fractions équivalentes est introduite et développée. Les opérations impliquant l'addition et la soustraction sont introduites de façon informelle en CE1, puis développées de façon formelle et à un niveau opérationnel en CE2.

Dans le cadre d'un programme spiralaire, une notion mathématique est introduite sur un très petit cercle de la spirale. Au niveau suivant, la spirale s'ouvre davantage pour revisiter ce concept tout en introduisant un autre concept, lié au premier mais plus difficile. Cela continue ainsi jusqu'à ce que toutes les notions connexes aient été développées. Pour les enfants, cela signifie qu'ils ont l'occasion de revenir sur des notions déjà vues à un niveau inférieur pour les approfondir. (L'annexe 2-1 montre quand les objectifs du programme de mathématiques sont introduits, puis développés tout au long des

Tableau 2-2. Notions de fractions et année d'enseignement primaire où elles sont introduites

Année	Notions de fractions
Parts égales d'un tout (CE1)	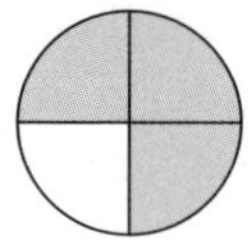 Quelle fraction du cercle est colorée ?
Sous-ensembles égaux d'un ensemble (CM1)	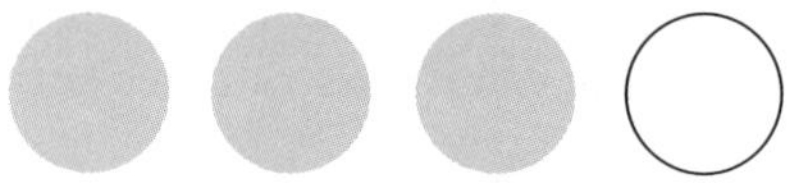 Marie a 4 jetons. Elle en a coloré 3. Quelle fraction des jetons a-t-elle colorée ?
Un nombre exprimant la division d'un nombre entier (ou fractions comme opérateur) (CM2)	Partage 3 saucisses équitablement entre 4 enfants. Quelle est la fraction des saucisses que chaque enfant va recevoir ?
Relation entre fractions et ratios (6e)	Aline, Betty et Carole ont partagé des jetons dans un rapport de 3 : 4 : 5. Quelle fraction des jetons est revenue à Betty ?

années d'enseignement primaire.) Revenons à l'exemple des fractions : à chaque tronçon de la spirale, les élèves ont l'occasion d'appliquer leurs connaissances des fractions pour résoudre des problèmes correctement ciblés. En CM1, par exemple, les enfants apprennent le concept des fractions comme opérateur. Les enfants sont déjà capables d'appliquer cette notion à des opérations standard telles que 6 ÷ 12. À présent, ils approfondissent leurs connaissances et compétences pour résoudre le problème suivant, qui exige l'application de l'ensemble des notions, connaissances et compétences connexes :

Coupe 7 gâteaux en 24 parts et partage-les équitablement entre 12 enfants.

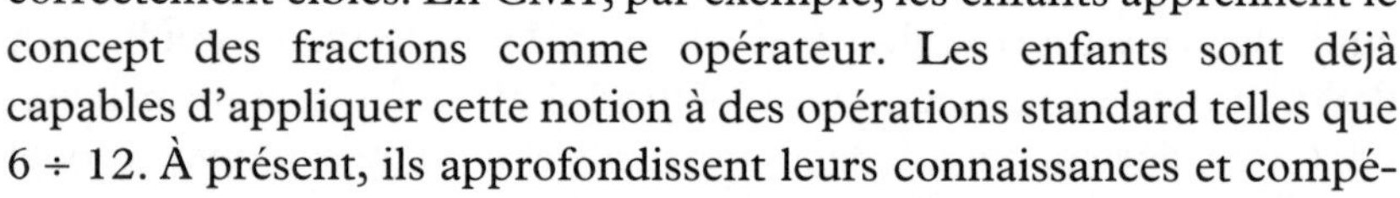

Source : *Primary Mathematics 4A – Teacher's Guide* (CPDD, 1993)

À la première lecture, les élèves ont l'impression que le problème est impossible à résoudre. Ils ont tendance à se dire qu'il est très difficile de découper les 7 gâteaux de façon à obtenir une part de la même taille pour chacun des 12 enfants, car cela signifie que chaque enfant obtient $\frac{7}{12}$ d'un gâteau. Mais en analysant le problème de plus près, on s'aperçoit que les gâteaux n'ont pas besoin d'être découpés en parts égales de la même taille. Pour résoudre ce problème, les enfants doivent mobiliser leurs connaissances des multiples et de l'addition de fractions avec dénominateurs identiques et différents, des points déjà abordés dans le passé. Par ailleurs, comme il n'y a pas de solution unique, les élèves se remémorent quelles deux fractions auront une somme de $\frac{7}{12}$.

La modélisation

Enseigner à dessiner des modèles comme l'une des heuristiques de résolution de problèmes est une autre caractéristique propre au programme de mathématiques de Singapour. (Voir le chapitre 4 sur la résolution de problèmes pour une analyse détaillée de l'heuristique.) Un enfant sans connaissances en algèbre peut utiliser la modélisation pour résoudre des problèmes à l'aide d'une représentation visuelle. En voici un exemple.

Jérôme et Marie ont 200 billes à tous les deux. Jérôme a 26 billes de plus que Marie. Combien de billes a Jérôme ?

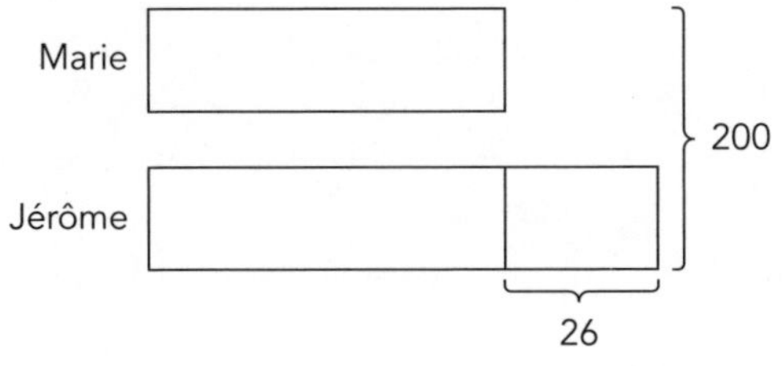

La pensée algébrique

Le développement de la pensée algébrique est une autre caractéristique distinctive du programme. Dans les deux exemples qui suivent, destinés à la 1re année d'enseignement primaire, les enfants doivent compléter la suite de nombres et les formes géométriques.

Suite de nombres

Quels sont les nombres qui manquent ?

a) _____ – 17 – 18 – 19 – _____ – 21

b) 2 – 4 – 6 – ____ – 10 – 12 – ____

Suite de formes géométriques

Ces formes se suivent de façon régulière. Dessine la cinquième forme.

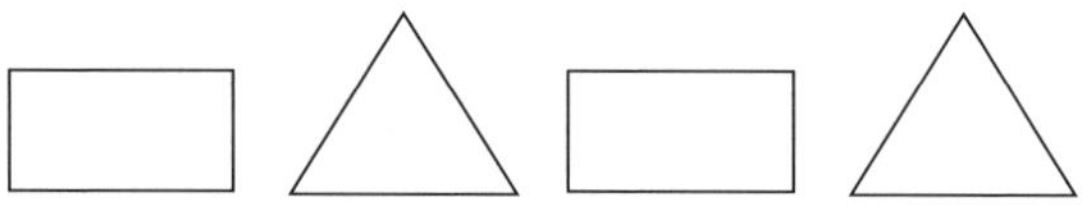

Dans un programme spiralaire, les activités de nature similaire sont présentées à chacun des niveaux, sachant que chaque activité est basée sur des notions déjà apprises qu'il s'agit à présent d'approfondir. L'exemple suivant vise la 4e année de l'enseignement primaire.

Suite de nombres

Complète cette suite de nombres.

a) 6 780 – 6 880 – _______ – _______ – 7 180

b) 11 – 10,95 – 10,9 – _____ – 10,8 – _____ 10,7

Suite de formes géométriques

Classe ces formes selon autant de façons que possible. Explique à chaque fois la règle appliquée.

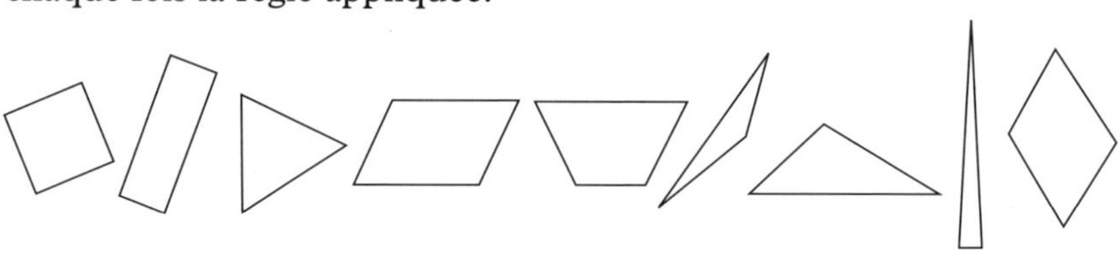

Un programme différencié

Le programme renvoie aux domaines enseignés aux différents niveaux. À Singapour, les années d'enseignement primaire sont réparties sur deux paliers : un programme commun pour les quatre premières années et un programme différencié pour les deux dernières années. Le temps d'enseignement est plus long dans les filières nécessitant plus de soutien. Le tableau 2-3 montre le temps d'enseignement recommandé pour les mathématiques selon le niveau et la filière (CPDD, 2006).

Tableau 2-3. Temps d'enseignement selon le niveau et la filière

Niveau	Nombre d'heures par semaine
Programme commun	
CP	3,5
CE1	4,5
CE2 et CM1	5,5
Programme différencié (CM1 et CM2)	
Mathématiques standard	5,0
OU	
Mathématiques renforcées	6,5

À chaque niveau, le programme se répartit sur les domaines suivants : nombres entiers, fractions, nombres décimaux, monnaie, mesures, statistiques, géométrie, pourcentages, vitesse, ratios et algèbre. L'annexe 2-2 montre la ventilation détaillée des domaines d'enseignements différenciés.

Approches pédagogiques

Les enseignants sont encouragés à utiliser un mélange éclectique de méthodes d'enseignement pour transmettre le contenu du programme. L'accent étant mis sur une conceptualisation mathématique solide, il est essentiel de choisir les activités appropriées pour favoriser une bonne compréhension. Dans la mesure du possible, les activités doivent permettre aux élèves de progresser, en passant du niveau concret à la présentation imagée, puis abstraite[1]. Enseigner pour faire comprendre les notions revêt une importance capitale dans

1. Cette progression en trois temps (concret, imagée, abstrait), qui est caractéristique de l'approche singapourienne, a été opportunément mise en exergue des nouveaux programmes de l'Éducation nationale de mathématiques (BO spécial n° 11 du 26 novembre 2015) : « Les activités consacrées au concret (observer et agir sur le réel, manipuler, expérimenter) débouchent sur la représentation analogique (dessin, images, schématisations), puis sur la représentation symbolique abstraite (nombres, concepts). »

le programme. Lorsqu'on utilise des matériaux concrets, il faut veiller à montrer comment les représentations concrètes sont liées à leur forme abstraite. La nécessité d'établir des liens entre les trois représentations est traitée au chapitre 3, qui est consacré à la pédagogie.

Les méthodes d'enseignement vont du cours magistral, où le professeur transmet le contenu du programme en l'exposant, au travail collaboratif en groupe et au travail en autonomie, où les enfants réalisent des activités très variées. Dans un groupe collaboratif, les enfants apprennent à tester des choses, faire des hypothèses, explorer, justifier, évaluer et convaincre les autres de leurs constats. C'est pourquoi les groupes collaboratifs font appel à la langue non seulement pour parler mais aussi, dans le cadre d'un travail individualisé, pour lire et écrire. Les activités peuvent englober la pratique des notions et connaissances enseignées, la résolution de problèmes routiniers ou non routiniers, l'analyse de la structure des mathématiques et de leur présence dans l'environnement. Les manuels ne sont pas l'unique source d'outils en lien avec le programme. Journaux, articles, ressources en ligne, CD-ROM ainsi que l'environnement naturel constituent d'autres sources utiles pour aider les élèves à prendre conscience de la richesse et des nombreuses applications des mathématiques.

La diminution du nombre d'élèves par classe intervenue en 2005 et 2006 au CP et au CE1 de l'enseignement primaire à Singapour permet de modifier l'enseignement de ces deux années de la scolarité. Le projet SEED (*Strategies for Effective Engagement and Development of pupils in primary schools*) offre une excellente opportunité aux enseignants de tirer pleinement profit des effectifs réduits pour renforcer les apprentissages. Aucune méthode d'enseignement n'est imposée : le projet SEED laisse à chaque école la liberté de s'adapter au profil de ses élèves.

Le rôle des technologies de l'information et de la communication

Divers outils TICE sont disponibles pour aider à motiver les enfants et les engager dans le processus d'apprentissage, parmi lesquels de simples applets, des feuilles de calcul et des logiciels de géométrie dynamique comme Geometer's Sketchpad (*GSP*).

À partir de 2007, le recours à la calculatrice est encouragé notamment pour les enfants des deux premières années (CPDD, 2006). Grâce à l'utilisation de calculatrices, les élèves peuvent se concentrer sur une réflexion de niveau supérieur où l'accent est mis non pas sur l'application de compétences mécaniques, mais sur le raisonnement mathématique pour résoudre des problèmes complexes situés soit dans le monde réel soit dans celui des mathématiques pures. Par conséquent, les enseignants doivent veiller à développer les compétences correspondantes ainsi que le calcul mental et écrit.

Évaluation

L'évaluation fait partie du processus d'enseignement et d'apprentissage, et son principal objectif est d'apporter des améliorations dans ces deux domaines. Les résultats d'une évaluation renseignent le professeur sur l'efficacité de ses méthodes. Ils révèlent aussi les connaissances qu'ont les élèves des contenus enseignés, leur capacité à les appliquer et leur attitude générale à l'égard de ces contenus. Les résultats des élèves reflètent en outre l'efficacité du programme à développer les aptitudes de résolution de problèmes. Ils renseignent les élèves sur leurs forces et faiblesses dans les différents domaines mathématiques et les aident, ainsi que leurs enseignants, à identifier les points qui exigent une attention particulière.

Les tâches d'évaluation devraient prendre des formes variées afin de permettre à des enfants ayant différents types d'intelligence et styles d'apprentissage de montrer ce qu'ils ont appris et ce qu'ils savent faire. Le programme de mathématiques de Singapour recommande d'intégrer les aspects suivants aux tâches d'évaluation chaque fois qu'elles s'y prêtent :

- Calcul mental
- Communication mathématique
- Application pratique des mathématiques
- Explorations et résolution de problèmes
- Application de TICE

Il existe deux types d'évaluation : l'évaluation continue et l'évaluation semestrielle.

Évaluation continue

Ce type d'évaluation devrait faire partie de la pratique quotidienne. Il renseigne le professeur sur l'efficacité des méthodes et du programme. Grâce à l'évaluation continue, l'enseignant est en mesure d'identifier les points qui posent problème ou les idées fausses éventuelles des enfants, puis de choisir les outils de remédiation adéquats. Comme ces évaluations sont régulières, les enfants ont un retour immédiat quant à leurs progrès. Ils se voient davantage comme apprenants et utilisateurs des mathématiques lorsqu'ils apprennent de ce qu'ils savent faire plutôt que de ce qu'ils ne savent pas faire.

Évaluation semestrielle

L'évaluation semestrielle comprend deux évaluations formelles au milieu et à la fin de l'année scolaire. L'objectif est de vérifier dans quelle mesure les contenus du programme sont maîtrisés par les enfants. C'est pourquoi ces évaluations couvrent un éventail large et détaillé de contenus qui reflètent les domaines au centre du programme enseigné. Le chapitre consacré à l'évaluation propose une analyse détaillée à ce sujet.

Conclusion

Le programme de mathématiques que nous venons de décrire peut paraître très différent de ce que les futurs enseignants en formation initiale ont eux-mêmes expérimenté en tant qu'élèves : ils ont leurs propres croyances à propos des mathématiques et des méthodes de les enseigner, le plus souvent fondées sur leur propre expérience. Ce qu'ils ont vécu étant élèves ressemble peut-être à ceci : le professeur se tenait debout devant la classe et expliquait comment faire des mathématiques. Les élèves, quant à eux, écoutaient attentivement ce qu'on leur enseignait et appliquaient les notions apprises à des questions standard. Un futur professeur qui prend connaissance des contenus du programme de mathématiques actuel sera peut-être inquiet quant à sa capacité à mettre en œuvre les objectifs correspondants. Car sa tâche ne se limite pas à transmettre les contenus mathématiques classiques comme l'addition ou la soustraction, il faut aussi qu'il enseigne l'heuristique et les compétences de réflexion, et qu'il propose des tâches mathématiques comportant des problèmes non routiniers et des explorations mathématiques, qui ne lui sont peut-être pas familiers. Plus important encore, un enseignant en formation initiale doit aider les élèves à développer une attitude positive à l'égard des mathématiques, et leur transmettre des compétences de métacognition et d'analyse critique à propos de leur propre raisonnement. Les futurs professeurs sont nombreux à souffrir eux-mêmes d'angoisse des mathématiques, ce qui risque d'entraver leur capacité à développer une attitude positive auprès de leurs élèves. En revanche, ils sont également nombreux à constater que leur propre malaise les avait sensibilisés aux besoins des enfants ayant des problèmes similaires. Il est donc important d'accepter nos propres expériences et de tenter de créer un environnement positif pour les élèves.

Une fois devenus des professeurs à part entière, les enseignants se rendent vite compte que les volumes horaires prévus sont assez limités. L'enseignement de l'heuristique et des compétences de réflexion ainsi que la résolution de problèmes non routiniers sont souvent en concurrence avec l'enseignement des notions, compétences et processus de base. Ce conflit sera toujours une réalité. Mais n'oublions pas que les professeurs ne sont pas censés transmettre les objectifs de l'ensemble du programme en un seul cours. Les expériences pédagogiques prônées par le programme devraient englober toute la scolarité de l'élève. Les écoles ont mis en place des procédures structurées pour aider les enseignants à poursuivre les objectifs du programme. Les professeurs peuvent régulièrement tester de nouveaux outils, par exemple en traitant un problème non routinier par semaine ou par quinzaine. Cela leur permet d'identifier la meilleure façon de travailler sur ce type de problèmes, et les outils mathématiques correspondants dont ils ont besoin. Il s'agit de procéder pas à pas.

Une fois leur formation initiale validée, les enseignants peuvent continuer à approfondir leurs connaissances en suivant les formations proposées et, surtout, en apprenant de leurs collègues plus expérimentés qui ont réussi à intégrer une grande partie du programme à leur enseignement.

Références bibliographiques

Bruner, J. S. (1960), « Readyness for learning », *in* : *The Process of Education* (p. 33-54), Cambridge, MA : Harvard University Press.

Curriculum Planning and Development Division (CPDD) (1993), *Primary Mathematics 4A – Teacher's Guide,* Singapour : Federal Publications.

CPDD (2000), *The Mathematics Syllabus – Primary 2001*, Singapour : Ministry of Education.

CPD. (2006), The Mathematics Syllabus – Primary 2007, Singapour : Ministry of Education.

Madsen, A. L., Smith, P. & Lanier, P. (1995), « Does conceptually oriented instruction enhance computational competence? », *Focus on Learning Problems in Mathematics* 17(4), 43.

Ministry of Education (2005), « Overview. Retrieved 30 May 2005 », https://www.moe.gov.sg/corporate/overview.htm.

Ministry of Education (1996), Ministry of Education, National Report for Singapore (Population 2), *Third International Mathematics and Science Study (TIMSS),* Singapour : Research and Testing Division, Ministry of Education.

Annexe 2-1

Objectifs du programme de mathématiques pour l'école primaire *
1re-4e année
5e et 6e années (dont renforcement)

Objectifs \ Année	1	2	3	4	5	6	5 (renforcé)	6 (renforcé)
1 Développer la compréhension des notions mathématiques :								
• Numériques	*	*	*	*	*	*	*	*
• Géométriques	*	*	*	*	*	*	*	*
• Statistiques	*	*	*	*	*	*	*	*
• Algébriques						*		
2 Reconnaître des relations spatiales en deux et trois dimensions	*	*	*	*	*	*	*	*
3 Reconnaître des régularités et des relations	*	*	*	*	*	*	*	*
4 Utiliser les unités de mesure courantes		*	*	*	*	*	*	*

Objectifs \ Année	1	2	3	4	5	6	5 (renforcé)	6 (renforcé)
5 Utiliser le langage mathématique, les symboles et les diagrammes pour représenter et communiquer des contenus mathématiques	*	*	*	*	*	*	*	*
6 Réaliser des opérations avec • des nombres entiers • des fractions • des nombres décimaux	 * 	 * * 	 * * 	 * * *	 * * *	 * * *	 * * *	 * * *
7 Utiliser des instruments géométriques				*	*	*	*	*
8 Réaliser des multiplications algébriques simples						*		
9 Développer l'aptitude à réaliser des opérations de calcul mental	*	*	*	*	*	*	*	*
10 Développer l'aptitude à réaliser des estimations		*	*	*	*	*	*	*
11 Développer l'aptitude à vérifier la vraisemblance d'un résultat				*	*	*	*	*
12 Présenter et interpréter des informations sous la forme d'un écrit, d'un graphique, d'un diagramme et d'un tableau	*	*	*	*	*	*	*	*
13 Utiliser les notions mathématiques apprises pour résoudre un problème	*	*	*	*	*	*	*	*
14 Utiliser les heuristiques appropriées pour résoudre un problème	*	*	*	*	*	*	*	*
15 Appliquer les mathématiques aux problèmes du quotidien	*	*	*	*	*	*	*	*
16 Raisonner de façon logique et faire des déductions				*	*	*	*	*
17 Développer la curiosité d'esprit grâce aux activités d'exploration	*	*	*	*	*	*	*	*
18 Apprendre les mathématiques en s'amusant, grâce à des activités très diverses	*	*	*	*	*	*	*	*

Source : *Mathematics Syllabus – Primary 2007* (CPDD, 2006)

Annexe 2-2
Domaines d'enseignements différenciés

Traitement des thèmes du programme de mathématiques pour l'école primaire dans l'enseignement standard et renforcé

Thèmes	Standard	Renforcé
NOMBRES ENTIERS		
Notation des nombres entiers et valeurs de position jusqu'à 10 millions	✔	✔
Comparaison et classement des nombres jusqu'à 100 000	✔	✔
Addition et soustraction de nombres jusqu'à 3 chiffres	✔	✔
Addition et soustraction de nombres jusqu'à 4 chiffres	✔	—
Multiplication et division d'un nombre à 2 chiffres par un nombre à 1 chiffre	✔	✔
Multiplication et division d'un nombre à 4 chiffres par un nombre à 1 chiffre, multiplication d'un nombre à 3 chiffres par un nombre à 2 chiffres	✔	—
Multiplication et division par des dizaines, des centaines et des milliers	✔	—
Facteurs et multiples	✔	✔
Approximation et estimation	✔	✔
Ordre des opérations et utilisation des parenthèses	✔	—
Utilisation de calculatrices	✔	✔
FRACTIONS		
Notions de fractions • Fraction d'un tout • Fraction d'un ensemble d'objets • Un nombre entier divisé par un autre nombre entier	✔	✔
Fractions équivalentes	✔	✔
Fractions impropres et nombres mixtes	✔	✔
Comparer et classer des fractions	✔	✔
Addition et soustraction de fractions propres	✔	✔
Addition et soustraction de nombres mixtes	✔	✔
Multiplication d'une fraction propre par un nombre entier	✔	✔

Thèmes	Standard	Renforcé
Multiplication de deux fractions propres	✔	—
Multiplication d'une fraction impropre par une fraction propre/impropre	✔	—
Multiplication d'un nombre mixte par un nombre entier	✔	—
Division d'une fraction propre par un nombre entier	✔	✔
Division d'un nombre entier/d'une fraction propre par une fraction propre	✔	—
Division d'un nombre entier/d'une fraction propre par une fraction propre	✔	✔
Utilisation de calculatrices	✔	✔
NOMBRES DÉCIMAUX Notation des nombres et valeurs de position jusqu'à 3 décimales	✔	✔
Comparaison et classement des nombres décimaux	✔	✔
Convertir des fractions en nombres décimaux et *vice versa*	✔	✔
Addition et soustraction jusqu'à 2 décimales	✔	✔
Multiplication et division de nombres décimaux jusqu'à 2 décimales par un nombre entier à 1 chiffre	✔	✔
Multiplication et division de nombres décimaux jusqu'à 3 décimales par des dizaines, des centaines et des milliers	✔	—
Division d'un nombre entier par un nombre entier avec un résultat sous forme décimale	✔	✔
Approximation et estimation	✔	✔
Utilisation de calculatrices	✔	✔
MONNAIE ET MESURES Unités de longueur, masse, temps, aire et volume	✔	✔
Durée de l'intervalle de temps	✔	✔
Quatre opérations avec la monnaie en notation décimale	✔	✔
Quatre opérations avec la longueur, la masse, le temps et le volume d'un liquide : unités simples	✔	✔

Thèmes	Standard	Renforcé
Quatre opérations avec la longueur, la masse, le temps et le volume d'un liquide : unités composées sous forme décimale	✔	✔
Conversion d'une unité de mesure plus petite dans une unité de mesure plus grande sous forme décimale, et *vice versa*	✔	✔
Périmètre de figures rectilignes	✔	✔
Aire et périmètre d'un carré, d'un rectangle et d'un triangle	✔	✔
Aire et périmètre d'un cercle, d'un demi-cercle et d'un quadrant	✔	—
Aire et périmètre d'une figure liée au carré, au rectangle et au triangle	✔	✔
Aire et périmètre d'une figure liée au cercle, au demi-cercle et au quadrant	✔	—
Trouver • une dimension d'un rectangle à partir de l'autre dimension et son aire/périmètre • la longueur d'un côté d'un carré à partir de son aire/périmètre	✔	—
Volume d'un liquide	✔	✔
Volume d'un solide composé de cubes	✔	✔
Volume d'un cube et d'un cuboïde	✔	✔
Volume d'un solide lié à un cube/cuboïde	✔	—
Trouver • la longueur d'une arête d'un cube à partir de son volume • une dimension d'un cuboïde à partir de son volume et des autres dimensions • la hauteur d'un cuboïde à partir de son volume et de l'aire de sa base • l'aire d'une face d'un cuboïde à partir de son volume et d'une dimension	✔	—
ANALYSE DE DONNÉES Tableaux	✔	✔
Graphiques à barres	✔	✔
Graphiques circulaires	✔	✔

Thèmes	Standard	Renforcé
Moyenne d'un ensemble de données	✔	✔
GÉOMÉTRIE Formes et régularités	✔	✔
Mesure d'angles en degrés	✔	✔
Lignes perpendiculaires et parallèles	✔	✔
Angles – angles droits, angles d'une ligne droite, angles opposés verticalement et angles d'un point	✔	✔
Propriétés d'un carré, d'un rectangle et d'un triangle	✔	✔
Propriétés d'un parallélogramme, d'un losange et d'un trapèze	✔	—
Construction géométrique d'un carré, d'un rectangle et d'un triangle	✔	✔
Construction géométrique d'un parallélogramme, d'un losange et d'un trapèze	✔	—
Compas à 8 points	✔	—
Symétrie	✔	—
Patrons	✔	—
Pavage	✔	—
POURCENTAGE Exprimer une partie d'une quantité sous forme de pourcentage	✔	✔
Exprimer des fractions et des nombres décimaux sous forme de pourcentages, et *vice versa*	✔	✔
Trouver le pourcentage d'un tout	✔	✔
Trouver le tout à partir de la part et du pourcentage	✔	—
Trouver un rabais, la TPS et l'intérêt annuel	✔	✔
Trouver l'augmentation/la diminution d'un pourcentage	✔	—
VITESSE	✔	—
RAPPORT	✔	—
ALGÈBRE	✔	—

CHAPITRE 3

DOUGLAS EDGE

Enseigner et apprendre

Il est rare qu'il n'existe qu'une seule bonne façon d'enseigner une matière. Les professeurs sont constamment amenés à prendre des décisions quant à la façon dont ils souhaitent aider leurs élèves à apprendre. Il s'agit de décider à quel moment on dit les choses, à quel moment on les explique et à quel moment on organise des activités où les enfants s'expliquent les choses entre eux. L'objectif de ce chapitre est de présenter un modèle de ces processus de prise de décision et d'analyser les idées clés qui influencent ces décisions.

Le *modèle pédagogique*

Quand nous apprenons les mathématiques aux enfants, notre intention est de leur faire comprendre les mathématiques qu'ils apprennent, de leur faire découvrir les principales utilisations des mathématiques et de faire en sorte qu'ils n'oublient pas trop vite ce qu'ils ont appris (Ashlock *et al.*, 1983). L'organisation de l'enseignement doit être fondée sur une base théorique solide, et il est important

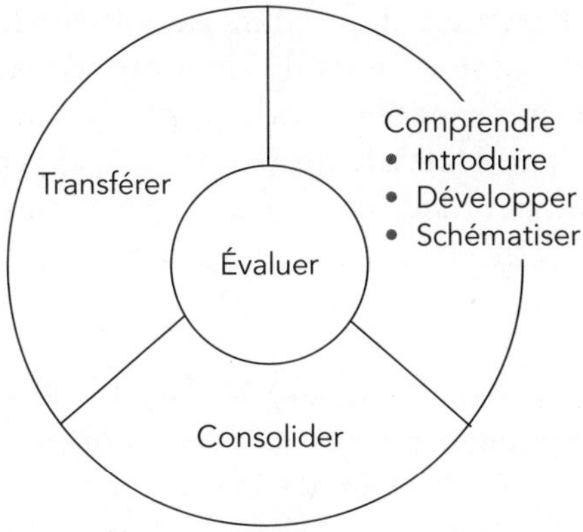

Figure 3-1. Le *modèle pédagogique* avec ses quatre types d'activités

d'associer aux objectifs pédagogiques de contenu les types d'activités d'apprentissage qui conviennent.

Le modèle initial d'Ashlock *et al.* comporte six parties appelées « types d'activités ». Les trois premières parties présentent les types d'activités conçus par les enseignants pour développer la compréhension conceptuelle des élèves, depuis les activités d'introduction jusqu'aux activités complexes de recherche de régularités. Les trois autres parties abordent les activités d'entraînement et de mémorisation, la résolution de problèmes et les applications ainsi que l'évaluation, qui est au cœur de l'ensemble. La figure 3-1 présente une adaptation de ce modèle, avec notamment le regroupement des trois premiers types d'activités en un seul, appelé « Comprendre ».

Application du *modèle pédagogique*

En utilisant le *modèle pédagogique* pour organiser ses cours, il faut savoir que chaque partie du modèle a un objectif qui lui est propre, et donc un ensemble d'activités typiques qui lui sont associées. Considérons chaque partie séparément, en commençant par la compréhension.

Compréhension

L'objectif de cette partie est triple : familiariser les élèves avec une notion, les amener à développer une compréhension globale de la notion, et découvrir des régularités ou des liens à l'intérieur de la notion. Prenons l'exemple d'un cours de CP sur les liens entre les nombres avec des combinaisons de six à dix, en supposant que les combinaisons de cinq sont connues[1]. Le professeur donne six jetons à chaque élève et leur demande de diviser ces jetons en groupes. Pour aider les élèves, on peut leur donner un tapis comme illustré dans la figure 3-2. Ensuite, les élèves sont invités à discuter de leurs histoires

1. Les relations numériques additives, ce sont les 100 combinaisons de nombres à un chiffre que les élèves sont censés mémoriser et qu'on présente souvent sous forme de tables d'addition. De la même façon, il existe 100 relations numériques multiplicatives, elles aussi souvent organisées sous forme de tables, les tables de multiplication.

numériques[1]. Ce type d'activité basée sur le jeu est appelé « introduction », car les élèves construisent des connaissances nouvelles à partir de structures existantes.

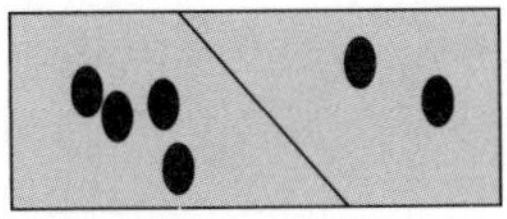

Figure 3-2. Exemple de tapis montrant des liens entre les nombres, ici 4 + 2 = 6

Ensuite, l'enseignant peut s'appuyer sur le jeu réalisé par les élèves et leur demander comment ils pourraient noter leurs histoires numériques. En se servant à nouveau du tapis, il les invite à raconter l'histoire qu'ils ont montrée et leur demande comment ils souhaitent écrire les phrases mathématiques correspondantes. Pendant ces activités, les élèves développent une compréhension de la notion, et ils découvrent le vocabulaire essentiel et les façons habituelles de rédiger les phrases. L'enseignant peut organiser des activités similaires plus tard, à l'aide d'outils différents tels que des réglettes Cuisenaire ou des lignes de nombres, comme proposé dans la figure 3-3. Ces activités de compréhension de niveau intermédiaire correspondent aux activités dites « de développement ».

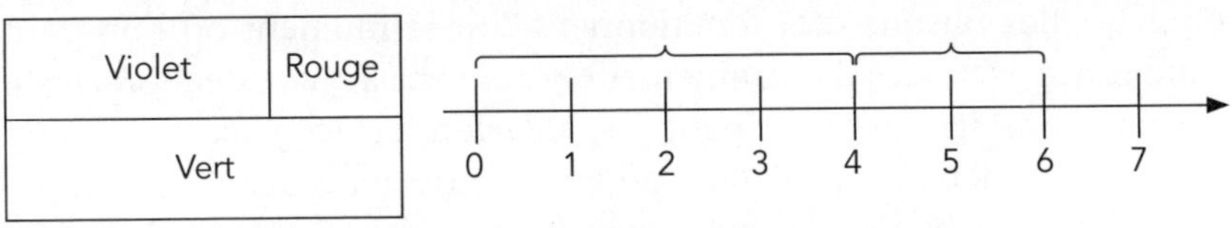

Figure 3-3. Réglettes Cuisenaire et une ligne de nombres représentant 4 unités plus 2 unités

Dès que les enfants ont commencé à comprendre la notion, l'enseignant peut envisager un travail supplémentaire sur les relations entre des faits connus. On peut par exemple demander aux élèves, à nouveau à l'aide du tapis, ou des réglettes Cuisenaire, de trouver

1. Le terme d'« histoire de nombres » est utilisé ici pour indiquer que les histoires des élèves proviennent d'une activité ludique guidée. Dans ce cas, les histoires obtenues seront vraisemblablement des relations numériques additives.

toutes les additions qui font 6, et de les noter dans un ordre quelconque. Le professeur peut demander : « Comment pouvez-vous être sûrs que vous n'en avez pas oublié ? » Idéalement, les élèves montrent alors leurs diagrammes et répondent qu'ils ont commencé par un groupe de 6 en écrivant « 6 + 0 = 6 », puis qu'ils ont déplacé un bloc de la gauche vers la droite du tapis pour trouver une autre addition, et qu'ils ont noté « 5 + 1 = 6 ». « On continue à se déplacer d'un bloc à la fois jusqu'à ce qu'on arrive à 0 + 6 = 6. »

Une tâche différente, mais qui demande toujours aux élèves de faire le lien entre des faits connus, consiste à les inviter à se concentrer sur des familles de relations numériques telles que 2 + 4 = 6, 4 + 2 = 6, 6 – 4 = 2 et 6 – 2 = 4. Dans le *modèle pédagogique*, ces activités de compréhension supérieures qui demandent aux élèves d'établir des liens relèvent de ce qu'on appelle « schématisation ».

Consolidation

Dès que les élèves ont compris la ou les notion(s) de base, le professeur lance les activités caractéristiques de cette deuxième étape du modèle. Lors de la consolidation, il s'agit avant tout d'aider les enfants à mémoriser les faits ou compétences associés à la notion, et ce avec une rapidité et une précision raisonnables. On ne demande plus aux élèves d'expliquer pourquoi quelque chose est correct ou pour quelles raisons cela fonctionne. C'est le moment où l'on peut utiliser des exercices d'entraînement, y compris à l'aide de *flash-cards*. Certains enseignants vont peut-être développer des jeux simples ou créer des situations où l'élève pourra mettre en œuvre ses compétences. Les types de jeux suivants, illustrés dans la figure 3-4, font tous partie du répertoire classique d'un enseignant expérimenté :

- Monter l'échelle : des additions sont inscrites sur chaque barreau, et les élèves « montent l'échelle » le plus rapidement possible en donnant les réponses.
- Plus vite que la balle : le professeur lâche une balle tout en énonçant une addition ; les élèves doivent répondre avant que la balle ne touche le sol.
- Buzz : les enfants comptent, et lorsqu'ils arrivent à un nombre correspondant à une somme ou un produit déterminé en amont, il faut qu'ils disent « buzz » à la place du nombre. Quand on travaille la table de 6, par exemple, on comptera 4, 5, « buzz », 7, 8, 9, 10, 11, « buzz », 13, 14, etc.

Figure 3-4. Activités de consolidation :
Monter l'échelle, Plus vite que la balle, Buzz

Favoriser la mémorisation tout en aidant les élèves à garder une trace de leurs progrès est également une activité de consolidation importante. Ainsi, le professeur pourra demander aux élèves de préparer des graphiques à barres pour retracer leurs progrès de mémorisation. Au départ, l'enseignant choisit dix liens entre les nombres (en mélangeant des opérations faciles et moins faciles) dans un jeu de *flash-cards*, puis les montre aux élèves pendant seulement 5 secondes pour chaque carte. Après avoir noté les résultats, les élèves sont invités à reporter le nombre de bonnes réponses sur un graphique à barres. En utilisant le même jeu de *flash-cards*, mais dans un ordre différent, cette activité est répétée plusieurs jours de suite. À la fin de la semaine, on peut espérer que les élèves auront fait des progrès et qu'ils s'en rendront compte eux-mêmes. La figure 3-5 montre un résultat optimiste !

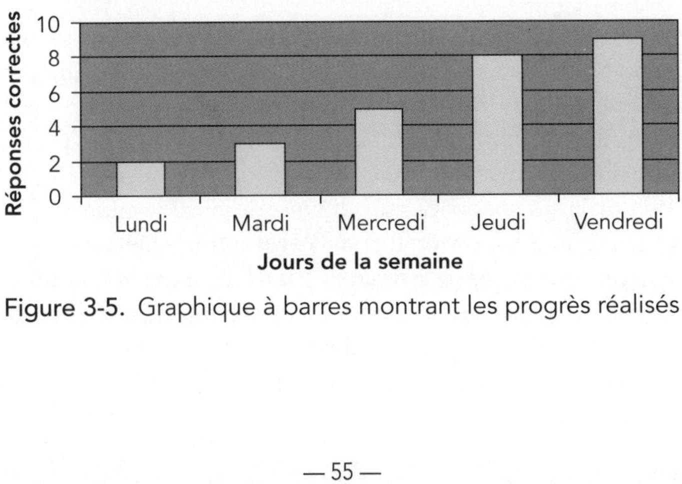

Figure 3-5. Graphique à barres montrant les progrès réalisés

Transfert

Lorsqu'on conçoit des activités à partir de cette partie du modèle, les enfants ont déjà acquis une bonne compréhension de la (des) notion(s) ; ils les ont relativement bien mémorisées et possèdent les compétences correspondantes. Il s'agit donc à présent de préparer des tâches qui permettent aux élèves d'appliquer leurs connaissances à de nouvelles situations. Typiquement, ce sont des activités de résolution de problèmes routiniers et non routiniers où l'on fait appel à toute l'heuristique que nous connaissons grâce aux travaux de George Pólya (1973). Les élèves pourront faire des jeux faisant appel à des éléments de stratégie, ou étudier des thèmes qui rendent les mathématiques intéressantes. On peut leur confier des enquêtes ou des projets particuliers. En outre, on leur demande d'utiliser les compétences fraîchement acquises pour un usage quotidien des mathématiques.

Parfois, la frontière entre l'application de nouvelles connaissances (transfert) et une première initiation à de nouvelles notions (compréhension) est un peu floue. Demander aux élèves ce qu'on peut additionner à 4 pour arriver à 6, par exemple, peut constituer une activité de transfert pour l'addition (résolution de problèmes), mais aussi une activité d'initiation pour aborder la notion de soustraction. De telles activités peuvent être classées dans la catégorie « transférer » ou « introduire ».

Évaluation

L'évaluation constitue un élément clé du processus d'enseignement et d'apprentissage ; elle en fait partie intégrante. Elle peut être *formelle*, comme lors des tests de fin de trimestre ou des épreuves de fin d'études primaires, ou *informelle* lorsque l'enseignant s'appuie sur le travail fait en classe ou à la maison, sur la participation des élèves ou sur leurs réponses au quiz quotidien. L'évaluation *diagnostique* constitue une troisième forme d'évaluation, elle aussi essentielle pour le processus d'apprentissage. Dans ce type d'évaluation, on peut s'appuyer sur des procédures formelles ou informelles. Le professeur remarquera peut-être qu'il a conçu ses cours avant tout pour favoriser la mémorisation (consolidation) mais, au fur et à mesure du déroulement du cours, il commence à avoir des doutes quant à la maîtrise qu'ont les élèves des notions étudiées (évaluation – diagnostic). L'enseignant décidera peut-être de revenir à la partie précédente du modèle (compréhension). Notre lecture de la taxonomie de Bloom (Bloom *et al.*, 1956) et l'adaptation qui en a été faite à Singapour avec les niveaux « connaissances », « compréhension » et « application » (CPDD, 1996) s'intègrent parfaitement à cette partie du *modèle pédagogique*.

Modèle pédagogique : un autre exemple

Prenons un instant pour réexaminer le modèle à partir d'un autre ensemble de concepts, la valeur de position. Pour favoriser la compréhension à différents niveaux, l'enseignant utilisera des blocs base dix et donnera aux élèves une pile de petits cubes en leur demandant combien de cubes il y a dans la pile. Après la question « Y a-t-il une façon simple de garder une trace du nombre de cubes que nous avons comptés ? », on peut encourager les enfants à regrouper les cubes en piles de même taille et de compter par groupes (initiation ou première compréhension).

Ensuite, le professeur introduit les « bâtonnets de dizaines » en montrant aux élèves que dix petits cubes correspondent à un bâtonnet de dizaine. Il leur explique alors deux choses : c'est *pareil* dans la mesure où il s'agit des mêmes quantités, mais c'est *différent* car, le bâtonnet, c'est un ensemble de dix, tandis que les cubes, ce sont dix ensembles de un. Puis on demande aux élèves de compter à nouveau, en utilisant les blocs base dix. Ils peuvent à présent modéliser le nombre 45 avec 4 dizaines et 5 unités (figure 3-6) ou le nombre 364 avec 3 centaines, 6 dizaines et 4 unités. Ils devraient être en mesure de parler du nombre au professeur, d'en faire un dessin ou de l'écrire, et savoir expliquer que le nombre comporte des groupes de centaines, dizaines et/ou unités (développement ou compréhension intermédiaire).

Figure 3-6. Modéliser le nombre 45 à l'aide de blocs base dix – une activité de développement

Ensuite, l'enseignant pourra inviter les élèves à poser les nombres 54 et 45 (figure 3-7). Il leur demandera d'indiquer la signification du chiffre 5 dans 54 (5 dizaines) et dans 45 (5 unités), ou de modéliser, analyser et comparer les nombres 402, 42 et 420, ce qui implique non seulement une question de valeur de position, mais aussi des difficultés liées au chiffre zéro quand il occupe une position (schématisation ou compréhension tardive).

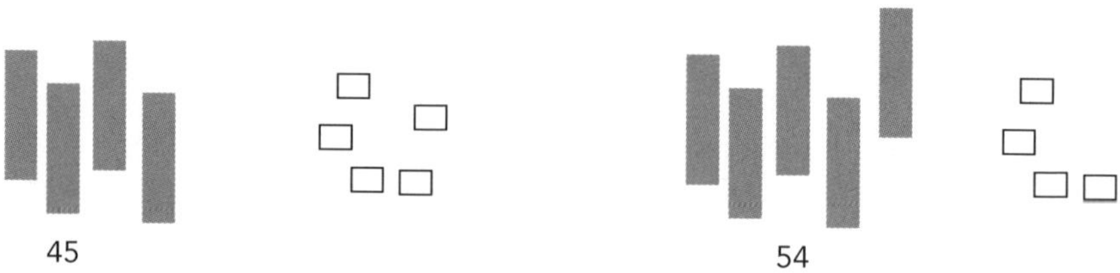

Figure 3-7. Modéliser les nombres 45 et 54 à l'aide de blocs base dix – une activité de schématisation

Le jeu suivant est un exemple d'activité de consolidation pour la valeur de position. Les élèves travaillent par deux, chacun recevant 300 unités sous forme de trois planchettes de blocs base dix. Les uns après les autres, les élèvent lancent deux dés et multiplient les deux nombres. Le premier joueur doit donner à son adversaire le nombre d'unités obtenu, par exemple 4 × 6, ou 24 unités, forcément en entamant une planchette, donc en pratiquant la valeur de position. Puis vient le tour de l'adversaire. La partie se termine soit quand un des élèves a joué toutes ses unités, soit au bout d'un laps de temps déterminé, dix minutes par exemple, le gagnant étant alors celui qui a accumulé le plus grand nombre d'unités.

Pour une activité de transfert, on peut demander aux élèves le nombre de façons d'obtenir 1 € en utilisant uniquement des pièces de 1 €, 10 centimes et 1 centime (une pièce de 1 €, dix de 10 centimes, ou 9 de 10 centimes et dix de 1 centime, pour donner quelques possibilités). Pour l'évaluation, on peut inviter les élèves à compter par dizaines à l'écrit, en commençant par 579. D'après ma propre expérience, certains élèves écrivent 579, 589, 599, 5 109 ou 5 119 : il s'agit probablement d'enfants connaissant les structures mais pas les conventions de la valeur de position.

Idées clés

Il n'existe pas de théorie d'apprentissage traitant des diverses décisions que l'enseignant doit prendre en préparant ses cours. Un professeur efficace utilise un mélange éclectique de pratiques influencées par des psychologues, des pédagogues et des mathématiciens. Il existe néanmoins deux grandes théories qui jouent un rôle clé lors de la conception d'activités d'apprentissage : le *behaviorisme* et le *cognitivisme*.

Le behaviorisme[1] est axé sur des résultats observables. L'apprentissage est basé sur les actions que nous observons chez les enfants : ils obtiennent un résultat quand ils font une addition par exemple, ils multiplient deux nombres et obtiennent une aire, ils mesurent des angles, dessinent des graphiques à barres, et nous pouvons d'une certaine manière mesurer ces résultats observables. L'enseignement « behavioriste » formel est traditionnellement centré sur la description ou l'explication, suivie d'une mise en application, puis d'un *feedback* plus ou moins immédiat et spécifique. En général, l'enseignement de type behavioriste est présenté sous forme d'une succession de petites étapes agencées selon une hiérarchie allant du simple au complexe ; son objectif consiste à établir des liens – à partir d'un stimulus (S), une réponse (R) correcte est attendue (figure 3-8).

$$S \rightarrow R$$

Figure 3-8. Le modèle stimulus-réponse associé au behaviorisme

À l'instar du behaviorisme, le cognitivisme prend différentes formes. L'idée sous-jacente est cependant que le savoir est construit de façon active par l'individu et ne peut être reçu de façon passive d'une autre personne ou d'une source externe. L'accent se déplace : on n'obtient pas une réponse anticipée (behaviorisme), on s'intéresse à la façon dont les enfants réfléchissent. Le modèle S – A – R est une façon de représenter cette vision (figure 3-9) : le stimulus (S) est adapté (A) par la personne d'une certaine façon avant que celle-ci n'y réponde (R). Le constructivisme, une forme du cognitivisme dont il sera question ci-dessous à l'idée clé 4, soutient logiquement que l'on

1. Parmi les behavioristes ayant joué un rôle important, les plus connus sont peut-être Pavlov (1849-1936, qui a donné son nom à un célèbre réflexe conditionnel), Thorndike (1874-1949) et Skinner (1904-1990).

ne peut jamais être certain de ce que les élèves savent. Quand nous mesurons des résultats, nous ne pouvons qu'inférer ce que les élèves savent.

$$S \rightarrow A \rightarrow R$$

Figure 3-9. Le modèle stimulus-adaptation-réponse associé au cognitivisme

Nous allons à présent aborder ces principales théories en lien avec le *modèle pédagogique* ainsi que les implications spécifiques pour notre enseignement et l'apprentissage des élèves.

Idée clé 1 : Comprendre

Richard Skemp (1976) a analysé deux types de compréhension, la compréhension *instrumentale*, où les élèves connaissent les règles mais sans raison, probablement de mémoire seulement, et la compréhension *relationnelle*, où les élèves connaissent les règles tout en sachant expliquer *pourquoi*[1] elles fonctionnent. Imaginons une situation où l'on montre aux élèves une page de rectangles avec des indications de longueur et de largeur. Ensuite, on leur dit qu'il faut multiplier les deux nombres pour obtenir l'aire. Les élèves vont vraisemblablement le faire correctement et donc se dire qu'ils ont appris à calculer l'aire d'un rectangle. En revanche, si on donne à ces mêmes élèves une règle et un rectangle découpé, ils n'auront peut-être aucune idée de ce qu'il faut faire, ils ne sauront peut-être pas ce qu'il faut mesurer ni comment expliquer le lien entre les unités linéaires de la longueur et de la largeur par rapport aux unités carrées de l'aire. On considère que ces élèves ont une compréhension instrumentale (ou procédurale) plutôt que relationnelle (ou conceptuelle).

Skemp reconnaît qu'à court terme enseigner une compréhension instrumentale est plus facile et peut avoir des effets positifs. Mais à plus long terme, c'est la compréhension relationnelle que l'enseignement doit privilégier. Prenons un exemple. Imaginons qu'on vous donne les instructions pour vous rendre à un endroit précis : tourner à gauche, aller tout droit jusqu'à la troisième intersection, tourner à nouveau à gauche, continuer tout droit, etc. Vous allez vous souvenir de ces instructions pendant une courte durée. Quelques jours plus

1. NDE : mis en avant par l'éditeur français.

tard, vous les aurez peut-être oubliées et si, pour une raison ou une autre, il faut faire un détour, vous ne saurez probablement pas par où passer. Pensez à cette métaphore dans le contexte des nombreuses étapes qui composent le long processus de la division.

Dans le *modèle pédagogique*, c'est naturellement pendant les trois parties des activités de compréhension que l'on met l'accent sur la compréhension relationnelle. Dans le cas de l'enseignement des liens entre les nombres, les élèves jouent peut-être avec des briques ou des jetons et on leur demande de raconter des histoires en deux parties (« J'ai deux briques ici et deux autres là »), puis on leur demande ou on leur montre comment noter leur histoire par écrit. Pour approfondir, on invite les élèves à comparer $2 + 4 = 6$ avec $4 + 2 = 6$. « Qu'est-ce que ces deux histoires ont en commun ? Qu'est-ce qui est différent ? » Des activités d'enseignement de ce dernier type sont centrées sur la compréhension relationnelle.

Idée clé 2 : Concret – imagé – abstrait

Jerome Bruner[1] (1960) souligne que l'apprentissage est un processus actif. Pour lui, l'élève doit parcourir trois phases pour accéder à une compréhension conceptuelle pleine et entière : les phases énactive[2], iconique et symbolique. De nombreux pédagogues, parmi lesquels ceux de Singapour, ont rebaptisé ces trois étapes en utilisant les adjectifs « concret », « imagé » et « abstrait ».

Pendant la phase de compréhension de notre *modèle pédagogique*, les élèves utilisent différents types de jetons pour matérialiser des histoires numériques. L'enseignant leur demande de faire des dessins

1. Dans son ouvrage *The Process of Education*, Bruner ne se contente pas de mettre en avant les phases énactive, iconique et symbolique. Il aborde d'autres sujets tels que les processus heuristiques et la nécessité de programmes spiralaires. Ces thèmes sont abordés dans d'autres parties de notre ouvrage, mais le lecteur appréciera peut-être de découvrir les discussions et les exemples de l'étude de Bruner.

2. NDE : La notion d'**énaction** est une façon de concevoir l'esprit comme étant indissociable de son milieu, de sa situation. On parle également de cognition « incarnée » ou de cognition « en situation ». L'énaction consiste donc pour un enfant à être seulement « en situation », c'est-à-dire qu'il agit sans images, sans signaux et sans paroles. L'énaction correspond au premier stade de développement chez l'enfant selon Piaget : le stade sensori-moteur.

des histoires qu'ils ont créées ou leur montre des exemples de dessins. Ensuite, les histoires sont notées. Puis l'enseignant demande aux élèves d'ouvrir leurs manuels et de regarder des pages où des activités similaires sont montrées et résumées. Ainsi, l'activité concrète prévue par le professeur est étendue à des résumés imagés et abstraits qui font appel au tableau blanc ou à un outil numérique, puis complétée par des activités imagées et abstraites présentées dans le manuel et le cahier d'activités de l'élève. Les figures 3-10 et 3-11, qui traitent de la valeur de position, montrent l'utilisation de blocs base dix sur le tableau blanc et les différentes façons d'exprimer le nombre total des dizaines et des unités.

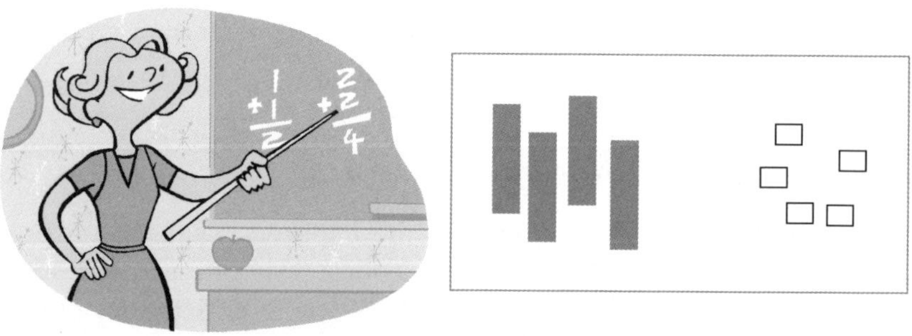

Figure 3-10. Enseignante montrant 4 dizaines et 5 unités à l'aide de blocs base dix (imagé)

Figure 3-11. Maths de Singapour CP – fichier B – La Librairie des Écoles

Idée clé 3 : Modes de représentation d'objets concrets

Zoltan Dienes (1960) étudie l'importance des « représentations multiples » pour développer pleinement la compréhension relationnelle. Selon l'un de ses principes, le principe de l'incarnation multiple (connu aussi sous le nom de « principe de variabilité perceptuelle »), chaque fois que nous utilisons des objets concrets pour développer la compréhension relationnelle, nous devons utiliser plus d'un objet pour illustrer le concept. Dans le cas de notre illustration des liens entre les nombres, ce principe signifie qu'il faut utiliser par exemple différents types de blocs, peut-être des groupes d'enfants, des ensembles de stylos, des bâtonnets de calcul Cuisenaire, etc. Si nous n'utilisons qu'un seul type d'objet, les élèves risquent d'associer des caractéristiques inappropriées à la notion – ils penseront par exemple que les relations d'addition s'appliquent uniquement à l'addition de stylos.

Selon un deuxième principe, celui de la variabilité mathématique, en utilisant un objet, il faut veiller à mettre l'accent sur les caractéristiques mathématiques de l'objet en question. Certains professeurs préparent par exemple des cartes-nombres comme celles du diagramme A de la figure 3-12. Quand on montre aux élèves un arrangement de boutons comme dans le diagramme B, certains ne reconnaissent pas le « 3 », car ils croient que « 3 » peut uniquement être représenté horizontalement, comme le « 3 » du diagramme A.

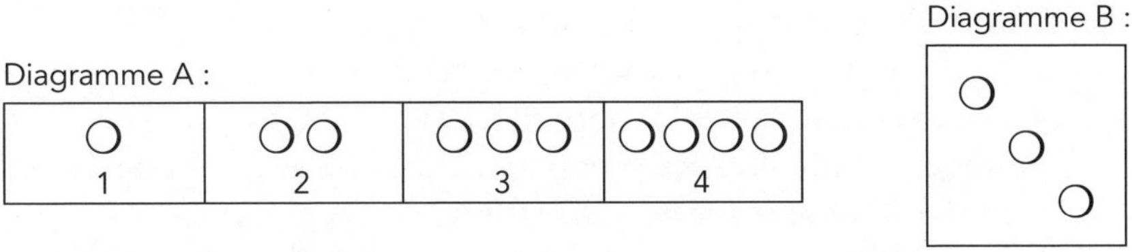

Figure 3-12. Variabilité mathématique : cartes-nombres montrant « 3 »

Prenons un autre exemple d'application du principe de variabilité mathématique développé par Dienes. Tous les triangles représentés dans la figure 3-13 sont de la même couleur, mais un des triangles est à angle droit et un autre relativement long et fin. Un seul triangle est posé sur sa base horizontale. Certains élèves pensent que tous les triangles, hormis celui qui est posé sur sa base horizontale, sont plus ou moins « à l'envers » ou trop minces pour être des triangles.

La figure 13-3 aide les élèves à « voir » que toutes ces formes sont des triangles et que l'orientation ne constitue pas une caractéristique propre au triangle.

Figure 3-13. Variabilité mathématique : triangles

Les principes de variabilité perceptuelle et de variabilité mathématique ont été isolés ici et présentés séparément. Dans le contexte de la salle de classe, en revanche, ils sont toujours pris en considération ensemble.

Idée clé 4 : Maturation et développement

Les *structures cognitives* désignent des actions mentales ou physiques correspondant aux étapes de l'évolution de l'enfant. Jean Piaget[1] (1896-1980) montre que les enfants traversent quatre périodes principales dans le développement de leur structure cognitive (les indications d'âge sont approximatives) :

- Période de l'intelligence sensorimotrice (0 à 2 ans) : l'« intelligence » est fondée sur la motricité.
- Période de l'intelligence préopératoire (3 à 7 ans) : les décisions sont plutôt basées sur les perceptions.
- Période des opérations concrètes ou de l'intelligence opératoire (8 à 11 ans) : les décisions intellectuelles (pensée logique) sont à présent possibles, mais elles doivent s'appuyer – ou pouvoir s'appuyer – sur des éléments concrets.
- Période des opérations formelles (12 à 16 ans) : la réflexion logique peut à présent englober un raisonnement abstrait.

1. Voir par exemple Jean Piaget, Alina Szeminska, *La Genèse du nombre chez l'enfant*, 1941.

Pour la période préopératoire, nous avons noté que les décisions de l'enfant étaient fondées sur les perceptions. Pour illustrer ce point, nous allons analyser deux principes de conservation de Piaget. Si l'on demande à un adulte laquelle des rangées de boutons de la figure 3-14 a plus de boutons, il répondra probablement que chaque rangée a le même nombre de boutons. Un enfant de la période préopératoire, en revanche, dira que la rangée (b) possède plus de boutons, car elle « paraît » plus longue. Un enfant de la période opératoire-concrète peut raisonner en disant que les boutons viennent d'être étalés et qu'on peut les rapprocher (une opération concrète) pour illustrer la même quantité. Cela signifie que l'enfant est devenu conservant du nombre.

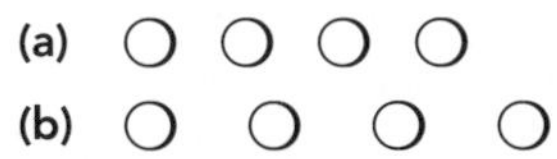

Figure 3-14. Conservation du nombre – illustration

L'idée de la conservation de la longueur est illustrée dans la figure 3-15. À propos du diagramme A, un enfant de la période préopératoire dira que les barres ont la même longueur, et même s'il vous a observé en train de déplacer une barre par rapport à l'autre comme dans le diagramme B, il dira que la barre inférieure du diagramme B est à présent plus longue. En outre, si vous remettez les barres à leur place initiale comme dans le diagramme A, il dira que les barres sont à présent à nouveau de la même longueur. C'est seulement en période opératoire-concrète que l'enfant va raisonner en disant que la barre inférieure vient juste d'être déplacée, c'est-à-dire que c'est seulement à ce stade qu'il devient conservant de la longueur. La perception selon laquelle la barre inférieure du diagramme B est plus longue est caractéristique de la réflexion de l'enfant pendant la période préopératoire.

Figure 3-15. Conservation de la longueur – illustration

La majorité des élèves d'école primaire se trouve en période opératoire-concrète. Cela signifie que leurs activités d'apprentissage devront impliquer soit des objets simples à manipuler soit des situations où les objets sont faciles à visualiser. Prenons l'exemple des ratios. Un rapport de 3 pour 5 est « concret » dans la mesure où il peut être montré, peut-être sous la forme de 3 triangles et 5 carrés. De la même façon, on peut rendre « concret » (montrer ou dessiner) un rapport de 4 triangles pour 7 carrés. C'est la comparaison entre le premier (3 unités pour 5 unités) et le second rapport (4 unités pour 7 unités) qu'on ne peut pas montrer concrètement. La comparaison peut uniquement être faite « dans la tête », elle est par conséquent abstraite (comparaison de deux pensées « concrètes ») et donc « formelle ». On remarquera que dans le programme de mathématiques de Singapour, les ratios sont enseignés en CM2 alors que la proportion directe (comparaison de ratios équivalents) est introduite en 6e seulement, quand les élèves ont environ 12 ans ; cela correspond à l'âge où ils vont s'engager dans la période de la réflexion opératoire formelle.

Piaget montre également qu'il faut mettre les enfants dans un « état de déséquilibre » pour provoquer un apprentissage. L'apprentissage a lieu lorsque les structures cognitives changent à travers le double processus d'adaptation : *assimilation* et *accommodation.* Si les élèves reçoivent une information qu'ils peuvent intégrer à leurs structures existantes, ils l'assimilent. Mais s'ils ont besoin d'adapter la structure cognitive, la structure doit changer – s'accommoder – pour que la nouvelle information ait du sens. Pour reprendre l'exemple de la figure 3-12, si les élèves voient uniquement des boutons alignés, ils peuvent penser que cette disposition est une caractéristique du nombre. En leur montrant d'autres dispositions et en précisant que celles-ci peuvent également représenter 3, on place les élèves dans un état de déséquilibre. Pour en sortir, il faut qu'ils adaptent l'information à leurs structures cognitives, à savoir que la disposition ne fait pas partie des caractéristiques du nombre. De même, avec l'idée erronée du triangle à l'envers (voir figures 3-13 et 3-16), les élèves pourraient percevoir l'orientation comme une caractéristique de la forme. Dans ce cas, afin de provoquer un apprentissage ou un développement cognitif et restaurer l'équilibre, les élèves doivent comprendre qu'on peut placer un triangle dans n'importe quelle position, ce sera toujours un « triangle ».

Question : Ce triangle est-il à l'envers ?

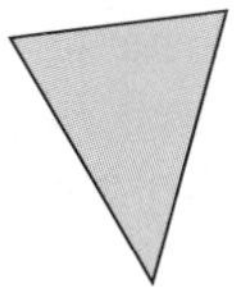

Réponse : Non. Un triangle posé « à l'envers », cela n'existe pas !

Figure 3-16. Déséquilibre par rapport à l'« orientation » du triangle

Idée clé 5 : Les élèves en tant qu'apprenants actifs

Le travail de Lev Vygotsky[1] (1896-1934), bien que non spécifique aux mathématiques, reste une référence. Selon l'une de ses principales idées, *l'interaction sociale* joue un rôle clé lorsque les enfants apprennent, c'est-à-dire lorsqu'ils continuent à développer leurs structures cognitives. Un enseignant n'est certes pas en mesure de construire par lui-même des structures cognitives chez une personne, mais en organisant l'interaction sociale, il peut aider les élèves dans leur développement cognitif. Bien sûr, un enfant apprend aussi à travers les livres, grâce à ses pairs et par les activités dont il prend lui-même l'initiative.

L'apprentissage coopératif est souvent justifié en référence aux idées de Vygotsky sur l'interaction sociale. Les élèves peuvent écouter le professeur, mais ils ont aussi besoin d'occasions de verbaliser ce qu'ils sont en train de faire. L'argument ici, c'est que le fait de parler à haute voix finit par devenir de la « conversation privée » qui génère une compréhension internalisée.

En outre, selon Vygotsky, les élèves doivent se situer à des niveaux de développement correspondant aux notions que l'on souhaite leur enseigner. Plus précisément, les élèves doivent être dans leur *zone proximale de développement* pour apprendre. Si un élève se trouve dans une phase appropriée de son développement, s'il possède les prérequis conceptuels adéquats, et s'il est motivé, il est alors en mesure, *avec de l'aide*, de développer les structures cognitives adaptées : il est

1. Pour un exemple parlant, voir son ouvrage *Pensée et Langage* (1933), réédité en 1997.

dans sa zone proximale de développement. On s'accorde en général pour dire qu'il est probablement impossible d'enseigner à des élèves de 8 ans comment prouver le théorème de Pythagore. Mais quand les élèves atteignent disons l'âge de 14 ans, ils se trouvent à un stade de développement plus mature qui devrait leur permettre de l'apprendre. Le tableau 3-1 résume ce point. Dans la partie des aptitudes non développées, même avec un enseignement exceptionnel, les élèves ne sont pas en mesure d'apprendre la notion ou le procédé. Lorsqu'ils sont prêts en termes de développement, c'est-à-dire lorsqu'ils entrent dans leur zone proximale de développement, et si on leur fournit de l'aide, ils peuvent développer cette aptitude. Enfin, lorsque les aptitudes sont développées, les élèves devraient être capables de fonctionner en autonomie.

Tableau 3-1. La zone proximale de développement

Aptitudes non développées	→	Développement des aptitudes	→	Aptitudes développées
Ce que l'élève ne peut pas encore faire	→	Zone proximale de développement Ce que l'élève peut faire avec de l'aide	→	Ce que l'élève peut faire sans assistance

Idée clé 6 : Exercices d'entraînement

Les relations stimulus-réponse peuvent être renforcées par des exercices d'entraînement, l'apprentissage renforcé et la pratique distribuée. En outre, le renforcement améliore les relations stimulus-réponse, ce qui n'est pas le cas de la punition. Un renforcement positif (« Très bien ! ») ou négatif (« Puisque tu as trouvé toutes les bonnes réponses aujourd'hui, tu n'auras pas besoin de t'entraîner autant demain. ») est considéré comme efficace. Donner des exercices supplémentaires pour punir un écart de conduite n'est en revanche pas approprié.

Dans notre *modèle pédagogique*, les enseignants vont probablement prévoir des exercices d'entraînement lors de la phase de consolidation, qui suit la compréhension par les élèves des compétences ou de la notion. Pour enseigner les liens entre les nombres, on peut utiliser des *flash-cards*, des fiches de travail, des jeux simples, des pages du manuel, etc. Afin d'améliorer la rapidité et la précision de la mémorisation, on peut prévoir des activités de révision de 10 minutes au début du cours pendant les semaines qui suivent l'introduction d'un thème clé (voir l'activité avec le graphique à barres). Ces révisions se poursuivent grâce à des évaluations à la fin des chapitres, comme le suggèrent les bons manuels, ou à la fin du trimestre ou de l'année.

Quant aux élèves qui ne parviennent pas à mémoriser les liens entre les nombres, on considère en général qu'ils ont appris des liens erronés, que les liens n'ont pas été intégrés suffisamment bien ou qu'ils ont pu être oubliés. Pour remédier à ce type de problèmes d'apprentissage, il peut être nécessaire de revenir à des activités de compréhension.

Idée clé 7 : Renforcer la mémoire

L'ordinateur est une métaphore volontiers utilisée pour faire comprendre la théorie du traitement de l'information : *input* (stimulus), traitement (adaptation), *output* (réponse) et stockage en mémoire. La mémoire est décrite sous trois formes : la mémoire iconique (ou enregistrement sensoriel) d'une durée de quelques secondes au maximum, la mémoire à court terme ou mémoire de travail (environ 15 à 20 secondes) et la mémoire à long terme.

Les élèves doivent au moins être attentifs pour permettre à la mémoire iconique de fonctionner. Pour renforcer la mémoire à court terme, Miller (1956) met en avant les concepts de *regroupement* et de *capacité de mémoire à court terme*. La mémoire à court terme peut retenir environ 7 (± 2) unités signifiantes. Ces unités peuvent être des mots, des moyens mnémotechniques, des chiffres, etc. On peut renforcer la mémoire en rendant les unités signifiantes. Pour de nombreuses personnes, par exemple, il serait plus facile de retenir les cinq lettres M A T H S (probablement une unité de mémoire) plutôt que A E D L P (5 unités de mémoire), à moins de savoir que les lettres A E D L P correspondent aux initiales des cinq premiers mots de la *Marseillaise*, ces lettres étant alors regroupées en une seule unité de mémoire signifiante.

On peut en général améliorer la mémoire à long terme en rendant le contenu signifiant et en le reliant à d'autres informations connues. Pour employer à nouveau le langage emprunté à l'informatique, plutôt que d'enregistrer l'information dans un grand dossier, on va créer une série de fichiers bien organisés au sein d'un ensemble de dossiers tout aussi bien organisés, et il sera bien plus facile de récupérer l'information. Cet aspect est au centre de la troisième partie des activités de compréhension de notre *modèle pédagogique*, où les relations numériques sont associées entre elles de sorte, espérons-le, à pouvoir être mémorisées. Ainsi, 2 + 4, 4 + 2, 6 – 2 et 6 – 4 forment une famille de relations numériques enregistrée comme une seule unité de mémoire.

« Méta-idée clé ! »

Rappelons-le, les enseignants sont constamment amenés à prendre des décisions. Dans cette partie, nous avons discuté des différentes idées clés en les séparant les unes des autres comme si elles s'excluaient mutuellement. Dans la réalité, rien ne pourrait être plus éloigné de la vérité. Quand un professeur conçoit son cours, il doit tenir compte de différents éléments à la fois : le stade de développement de l'enfant lui permet-il d'assimiler les notions envisagées ? Quels types d'activités et quels supports faut-il utiliser pour illustrer ces notions au mieux ? Comment faciliter le travail de la mémoire à long terme ? Pendant le cours, d'autres décisions sont à prendre : Ai-je besoin d'une autre illustration ? Comment puis-je répondre à l'incompréhension de cet élève ? Mes exercices d'entraînement sont-ils efficaces ?

Réflexions sur le *modèle pédagogique*

Comparaisons avec un cadre pour le programme de mathématiques

Tous les enseignants devraient connaître le cadre pentagonal utilisé pour conceptualiser l'enseignement des mathématiques à l'école primaire (CPDD, 2006). Ce modèle, dont la figure 3-17 montre une partie, est centré sur la résolution de problèmes. Nous enseignons les mathématiques aux enfants pour qu'ils soient capables de résoudre des problèmes. Afin de faciliter la réalisation de cet objectif, le modèle propose 5 éléments : compétences, processus, notions, attitudes et métacognition. Comment adapter ce cadre à notre *modèle pédagogique* ?

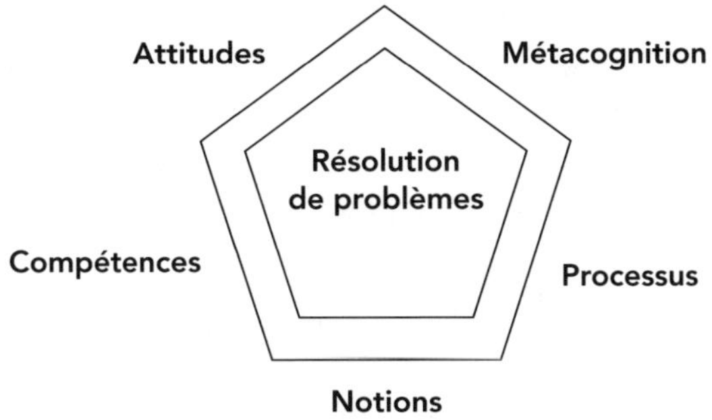

Figure 3-17. Le cadre du programme de mathématiques de Singapour

Trois de ces éléments – « processus », « notions » et « compétences » – sont fondés sur la partie « compréhension » du *modèle pédagogique*. Il est vrai aussi, cependant, que les processus liés à la résolution de problèmes font également partie des « transferts » du cycle d'enseignement. La métacognition, pourra-t-on faire remarquer, est une partie inhérente de tous les éléments. Il faudrait encourager les élèves à se demander : « Est-ce que je comprends les idées suffisamment bien pour commencer à les mémoriser ? », « Est-ce que je sais faire mon travail suffisamment vite et précisément à présent pour être prêt à commencer à appliquer les règles et les notions ? », ou encore : « Est-ce que je suis vraiment prêt à commencer à aborder un nouveau thème ? » Quant à l'élément « attitudes » du cadre, on peut s'attendre à ce que les élèves développent une attitude positive envers les mathématiques dès lors qu'ils comprennent le travail qu'ils font, qu'ils ont certaines facilités quant aux processus et compétences en jeu et qu'ils savent utiliser leurs connaissances.

Le ministère de l'Éducation de Singapour (MOE) propose de temps en temps des initiatives qui appuient ou élargissent le cadre du programme de mathématiques. Le projet SEED par exemple peut être considéré comme une synthèse des différentes théories d'apprentissage discutées dans ce chapitre (CPDD, 2004).

- Pour un développement efficace des notions et compétences en mathématiques, le projet SEED encourage les élèves à travailler d'abord sur les formes énactives des notions. Les formes iconiques et symboliques sont introduites ultérieurement.
- Pour aider les enfants à développer des schémas complexes de notions, la variation et l'intégration sont importantes. L'intégration peut avoir lieu à l'intérieur de sujets ou entre sujets.

– L'interaction est un autre aspect important de la démarche SEED. On demande aux élèves de travailler avec les autres pendant une partie du temps de classe. La disposition physique de la salle de classe, y compris l'utilisation d'îlots d'apprentissage, favorise l'interaction entre pairs.

La complexité du modèle pédagogique

À ce point de nos considérations, le lecteur pense peut-être que l'application du modèle implique de commencer l'enseignement dans la partie « compréhension », puis de cheminer de façon ordonnée et linéaire à travers les différents types d'activités. La réalité de l'enseignement est évidemment bien plus complexe. Le professeur aborde probablement plutôt un nouveau thème en faisant un « transfert » à partir de capacités acquises, puis explore différents aspects de la compréhension avant de démarrer les activités de consolidation. Il revient peut-être alors à des tâches de compréhension avancée avant de retourner à d'autres activités de consolidation. Dans la réalité de la salle de classe, il y a donc probablement de nombreux va-et-vient entre les différentes parties du modèle.

Intégration des idées clés au modèle pédagogique

Nous avons abordé les différents points clés de ce chapitre séparément pour en faciliter l'analyse, mais ces points sont évidemment tous liés les uns aux autres. En construisant un cours, il faut prendre en considération les niveaux cognitifs des élèves et déterminer s'ils se trouvent dans leurs « zones proximales de développement ». L'enseignant doit reconnaître la nature spiralaire du programme. Il doit décider quels outils illustrent le mieux les notions à enseigner, et savoir comment les utiliser efficacement. Il doit comprendre le rôle des phases concret-imagé-abstrait, un modèle efficace pour aider les élèves à développer leur compréhension conceptuelle, mais aussi à résoudre des problèmes difficiles. Les idées clés deviennent ainsi des principes pédagogiques qui aident à concevoir des activités d'apprentissage efficaces pour les élèves.

Conclusion

Quand Ashlock *et al.* (1983) développent leur modèle des types d'activités, ils soulignent la nécessité, pour le professeur, de faire le lien entre les objectifs de contenu qu'il doit poursuivre et les types d'activités qu'il met en œuvre pour rendre l'apprentissage efficace. Aujourd'hui, cette vision n'a rien perdu de sa pertinence. Nous avons adopté le modèle connaissances-compréhension-adaptation pour l'évaluation. De la même façon, nous devons intégrer un modèle pédagogique fondé sur des activités lors de la conception de nos séquences. Un choix pédagogique pertinent doit s'appuyer sur un cadre théorique : le tableau 3-2 résume les principales composantes du modèle pédagogique.

Tableau 3-2. *Modèle pédagogique*
Composantes du *modèle pédagogique*

Compréhension	
Objectifs : – Présenter de nouvelles idées aux élèves, éventuellement en utilisant des connaissances existantes (introduire) – Développer les idées clés à l'intérieur de la nouvelle notion (développer) – Relier ces idées clés entre elles à l'intérieur de la notion (schématiser)	Remarques : – Comprend l'utilisation d'un modèle concret et d'un modèle concret-imagé-symbolique – Comporte l'enseignement d'un nouveau vocabulaire, de nouvelles conventions d'écriture, etc.
Consolidation	
Objectif : – Aider les élèves à développer une rapidité et une précision raisonnables à propos des nouvelles notions et compétences	Remarques : – Comporte des exercices d'entraînement routiniers et non routiniers, et des jeux simples – Comprend l'idée de renforcement
Transfert	
Objectif : – Faciliter l'utilisation des notions dans des situations nouvelles	Remarques : – Englobe le modèle de résolution de problèmes de Pólya – Souligne des prolongements intéressants vers d'autres domaines des mathématiques, voire d'autres domaines des programmes – Comprend des applications à des situations de la vie réelle

Évaluation	
Objectif : – Savoir si les élèves maîtrisent ou non les principaux aspects de la nouvelle notion	Remarques : – L'évaluation doit être multidimensionnelle (c'est-à-dire comporter des stratégies formelles et informelles) – Peut comporter des tests crayon-papier, des oraux ou des techniques d'observation – Les conclusions doivent indiquer si les élèves ont atteint la maîtrise, une maîtrise partielle ou une maîtrise limitée des notions

Source : d'après Ashlock *et al.* (1983)

Références bibliographiques

Ashlock, R. B., Johnson, M. L., Jones, W. L. et Wilson, J. W. (1983), *Guiding Each Child's Learning of Mathematics*, Columbus, OH : Charles E. Merrill Publishing Company.

Bloom, B. S., Engelhart, M. D., Furst, E. J., Hill, W. H. et Krathwohl, D. R. (1956), *Taxonomy of Educational Objectives, Handbook I: Cognitive Domain*, New York : McKay.

Bruner, J. (1960), *The Process of Education*, Cambridge, MA : Harvard University Press.

Curriculum Planning and Development Division (CPDD) (1996), *PSLE Information Booklet*, Singapour : Ministry of Education.

CPDD (2004), *Project SEED: Frequently Asked Questions*, Singapour : Ministry of Education.

CPDD (2006), *The Mathematics Syllabus - Primary 2007*, Singapour : Ministry of Education.

Dienes, Z. (1960), *Building up Mathematics*, Londres : Hutchison Educational Ltd.

Miller, G. (1956), « The magical number seven, plus or minus two: Some limits on our capacity for processing information », *Psychological Review*, 63, p. 81-97.

Pólya, G. (1973), *How To Solve It*, Princeton, NJ : Princeton University Press.

Skemp, R. (1976), « Relational understanding and instrumental understanding », *Mathematics Teaching*, 77, p. 20-26.

CHAPITRE 4

FOONG PUI YEE

La résolution de problèmes en mathématiques

Introduction

La résolution de problèmes devrait être au centre du programme de mathématiques. Elle constitue un objectif majeur de l'enseignement de la discipline et fait partie intégrante de toute activité mathématique. La résolution de problèmes n'est pas un thème à part, mais une démarche qui devrait imprégner l'ensemble du programme et fournir le contexte dans lequel les notions et compétences peuvent être apprises. [1]

(NCTM, 1989, p. 23)

Cette affirmation émanant du Conseil national américain des enseignants de mathématiques reflète l'importance que la résolution de problèmes revêt dans les programmes de mathématiques du monde entier. Celui de Singapour ne fait pas exception, car il correspond à l'esprit de réforme qui caractérise les conceptions pédagogiques à travers le monde. Son principal objectif est de répondre à un impératif du XXIe siècle : tous les élèves doivent connaître les notions mathématiques, maîtriser les compétences de réflexion et développer une attitude positive, car les mathématiques seront nécessaires pour appliquer la résolution de problèmes dans des situations plus ou moins complexes. Le cadre du programme de Singapour (CPDD, 2000) est centré sur la résolution de problèmes en mathématiques. Il affirme que la résolution de problèmes concerne des tâches pratiques, des problèmes de la vie réelle ainsi que des problématiques

1. NDE : De façon significative, les nouveaux programmes publiés au BO du 26 novembre 2015 mettent cette même préoccupation en avant : « Au cycle 2, la résolution de problèmes est au centre de l'activité mathématique des élèves, développant leurs capacités à chercher, raisonner et communiquer. Les problèmes permettent d'aborder de nouvelles notions, de consolider des acquisitions, de provoquer des questionnements. »

purement mathématiques, et recommande que les problèmes à résoudre couvrent un large éventail de situations : des tâches mathématiques routinières et non routinières mais aussi des explorations ouvertes faisant appel à l'heuristique et aux processus de réflexion.

L'aptitude à résoudre des problèmes est au cœur des mathématiques.
(*Cockcroft Report*, 1982)

L'aptitude à appliquer les mathématiques à diverses situations relève de la résolution de problèmes. Indépendamment du sens que d'autres définitions donnent au terme de « résolution de problèmes » en mathématiques, la question centrale est toujours celle de la démarche permettant de résoudre un problème en utilisant des compétences, notions et processus mathématiques. La résolution de problèmes devrait englober deux démarches : résoudre des problèmes différents en utilisant la même stratégie, et résoudre le même problème à l'aide de stratégies différentes. Elle ne devrait pas consister à résoudre toujours le même type de problèmes à l'aide d'une seule et unique stratégie. À l'école primaire, les évaluations comportent de plus en plus de questions non routinières, ce qui montre l'importance accordée aux capacités des élèves à faire appel à diverses démarches de résolution de problèmes. Pour permettre aux élèves de réussir dans cette tâche, les professeurs doivent eux-mêmes être à l'aise avec différents types de problèmes mathématiques, et être en mesure d'enseigner les savoir-faire correspondants. Des études montrent qu'un élève peut acquérir les compétences permettant de progresser dans la résolution de problèmes mathématiques, à condition que le professeur lui montre comment ces stratégies fonctionnent. Pour ce faire, l'enseignant doit être conscient des différents types de problèmes, réfléchir aux méthodes de résolution et catégoriser les techniques et stratégies existantes. L'objectif de ce chapitre est de familiariser les professeurs avec l'utilisation de différentes stratégies heuristiques de résolution de problèmes pour différents types de problèmes.

Tâches de résolution de problèmes

En général, les cours de mathématiques sont organisés autour de tâches à réaliser par les élèves. Ces tâches, souvent appelées « problèmes mathématiques », comportent des exercices d'entraînement au calcul et des problèmes écrits simples, mais aussi des tâches exigeantes appelées « problèmes à plusieurs étapes » ou « calculs complexes ». Or, tous les problèmes présents dans les manuels scolaires ne constituent pas de véritables problèmes. Les problèmes écrits des manuels et cahiers d'exercices, qui transforment un problème simple en un problème complexe, ont des algorithmes que les élèves peuvent directement appliquer. L'objectif dans ce cas n'est pas de développer la capacité à résoudre un problème, mais seulement de fournir de l'entraînement après une séquence consacrée au développement des compétences et notions liées à tel ou tel thème.

Par conséquent, de nombreux enseignants font une distinction entre les vraies tâches de résolution de problèmes d'un côté, et les problèmes routiniers de l'autre, qui relèvent de la mémorisation et de l'entraînement de niveau facile et requièrent des méthodes simples. Les véritables tâches de résolution de problèmes font appel à des processus cognitifs d'un niveau supérieur impliquant :

- une réflexion complexe et non algorithmique ;
- l'analyse des contraintes de la tâche et l'utilisation de stratégies heuristiques ;
- l'exploration de notions, processus et relations mathématiques ;
- la prise de conscience de la situation-problème et la volonté de trouver une solution.

Cette dernière exigence correspond au moment où l'on commence à considérer un problème comme une tâche de résolution de problèmes. Il faut être conscient de l'existence d'une situation nécessitant une solution complexe, et déterminé à résoudre le problème à l'aide d'une série de stratégies.

Schéma de classification des problèmes mathématiques

Afin de comprendre le rôle central que joue la résolution de problèmes dans le programme, les enseignants doivent être en mesure de distinguer les différentes catégories de problèmes et leurs rôles. Lorsqu'ils disposent des connaissances nécessaires, ils peuvent faire des choix pertinents, voire concevoir eux-mêmes des tâches pour leurs élèves mettant en œuvre différentes formes d'activités de résolution de problèmes. En s'appuyant sur une recherche de Foong (1990), ce chapitre propose un schéma de classification pour différents types de tâches mathématiques, comme le montre la figure 4-1.

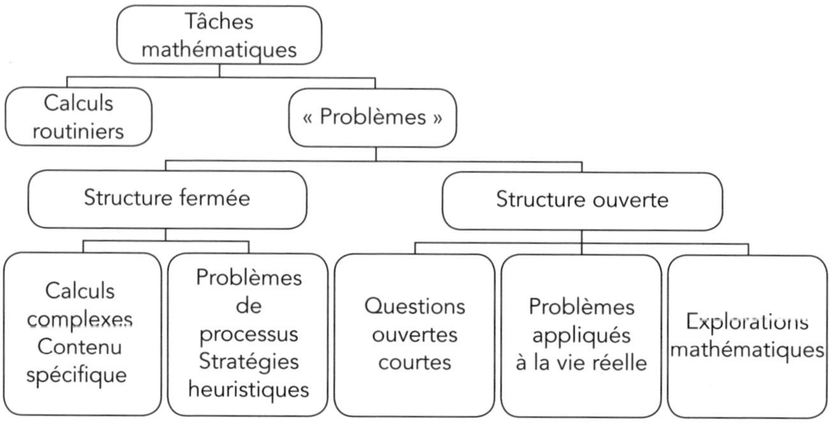

Figure 4-1. Schéma de classification des types de « problèmes » mathématiques

Toutes les tâches mathématiques peuvent être grossièrement réparties en deux groupes – les calculs routiniers des manuels et les problèmes. Nous allons adopter cette définition communément admise : un problème est une tâche qui n'a pas de solution immédiate et qui requiert des *efforts* particuliers. Cette définition exclut les exercices des manuels qui servent à appliquer un algorithme ou une compétence de calcul par exemple, ou les problèmes écrits composés d'une ou deux étapes. Dans le schéma de la figure 4-1, les problèmes ont des fonctions pédagogiques différentes : enseigner pour résoudre un problème, enseigner comment résoudre un problème, ou enseigner en résolvant un problème. Nous allons illustrer ces fonctions en analysant les différentes catégories de problèmes.

Problèmes fermés

Un problème fermé est bien structuré sous forme de tâches clairement formulées, où l'unique bonne réponse peut toujours être trouvée d'une façon prédéterminée en partant des données nécessaires fournies dans la situation-problème. Ce type de problèmes comprend des problèmes complexes à contenu spécifique et des problèmes non routiniers basés sur l'heuristique. Pour les traiter, il faut mettre en œuvre des compétences de résolution de problèmes et mener une réflexion productive plutôt que de faire simplement appel à sa mémoire.

Calculs complexes

À Singapour, les professeurs utilisent les calculs complexes pour enseigner la résolution de problèmes. L'élève apprend surtout à appliquer une notion qui a déjà été travaillée. L'évaluation porte sur des compétences de réflexion analytique de niveau supérieur. On enseigne aux élèves une stratégie particulière, connue sous le nom de « méthode par modélisation », pour résoudre des problèmes écrits de structure similaire à travers des notions arithmétiques liées, par exemple les nombres entiers, les fractions, les ratios et les pourcentages.

Exemple 1

$\frac{3}{5}$ des élèves de la classe de CM2-A et $\frac{3}{4}$ des élèves de CM2-B sont des filles. Il y a le même nombre de filles dans chacune des deux classes. En CM2-A, il y a 8 garçons de plus qu'en CM2-B. Combien d'élèves y a-t-il en CM2-A ?

Exemple 2

Au départ, le rapport entre l'argent de Suzanne et l'argent de Marie était de 5 : 3. Quand Suzanne a donné 20 € à Marie, elles eurent toutes les deux la même somme d'argent. Combien d'argent Marie avait-elle au départ ?

Exemple 3

25 % des élèves d'une classe sont des garçons. D'autres garçons rejoignent la classe, et le pourcentage des garçons passe à 40 %. Combien de garçons rejoignent la classe ?

Problèmes non routiniers

Parfois, ces problèmes sont appelés des problèmes « de processus ». Les exemples 4 et 5 ci-après montrent les types de problèmes non routiniers que le professeur pourra utiliser pour « enseigner comment résoudre un problème ». L'accent est mis sur l'utilisation de stratégies heuristiques pour appréhender et résoudre un problème inhabituel qui n'est pas spécifiquement lié à telle ou telle notion du programme. Ces problèmes comportent souvent de nombreux cas que l'élève doit prendre en considération. Ils sont utiles pour montrer les processus qui interviennent dans la réflexion et développer différentes heuristiques : deviner et vérifier, chercher des régularités et travailler en sens inverse. Les connaissances de contenus mathématiques nécessaires pour ce type de tâches auront déjà été acquises en amont. Dans certains cas, les enseignants ont tenté d'intégrer ces heuristiques à la résolution de problèmes de contenu.

Exemple 4

Le fermier Dupin compte ses canards et ses moutons. Au total, il compte 10 têtes et 26 pattes. Combien de canards et de moutons possède-t-il ?

- Combien de stratégies différentes existe-t-il pour résoudre ce problème ?

1. Algèbre
$C + M = 10$
$2D + 4S = 26$

2. Deviner et vérifier
Essayer 5 canards, 5 moutons. On obtient alors 10 + 20 pattes, c'est trop.
Essayer 6 canards, 4 moutons. Cela fait 28 pattes, c'est trop.
Essayer 7 canards, 3 moutons. Cela fait 26 pattes, c'est bon.

Ou des essais sous forme de tableau :

Canards	Moutons	Têtes	Total pattes
5×2	5×4	10	30 ☹
6×2	4×4	10	28 ☹
7×2	3×4	10	26 ☺

3. Diagramme

4. Raisonnement logique
Si tous des canards, 20 pattes, il manque 6,
3 paires du côté des moutons.
Donc 3 moutons, 7 canards.

Exemple 5

Combien de carrés y a-t-il sur un échiquier ?

- Astuce : Utiliser cette heuristique :
  1. Travailler de façon systématique
  2. Chercher une régularité
  3. Généraliser pour obtenir une règle
  4. Essayer des exemples plus simples (voir ci-dessous)
  5. Présenter les résultats dans un tableau (voir ci-dessous)

Essayer un exemple plus simple.
Combien de carrés y a-t-il ? Peux-tu en trouver 5 ?

Présenter les résultats dans un tableau :

Taille du carré	Nombre de carrés
2×2	5
3×3	?
4×4	?
...	...
...	...
8×8	?

Problèmes ouverts

Les problèmes de ce type sont souvent considérés comme des « problèmes mal structurés », car la formulation n'est pas claire en raison de données manquantes ou de suppositions, et il n'y a pas de procédure standard pour obtenir une solution correcte. On distingue trois sous-catégories : les problèmes appliqués à la vie réelle, les explorations mathématiques et les questions ouvertes courtes.

Problèmes appliqués à la vie réelle

Pour résoudre des problèmes liés à des situations du quotidien, il faut partir d'une situation réelle, puis chercher la problématique mathématique sous-jacente.

Exemple 6

M. Martin veut peindre les murs et le plafond de son appartement de trois pièces. Le plafond se trouve à 4 m de hauteur. Il faut un pot de peinture de 1 litre pour couvrir 10 m^2. La peinture est vendue 16,90 € le pot. De quoi M. Martin a-t-il encore besoin, mis à part la peinture ? Fais un plan et un budget pour l'achat du matériel nécessaire pour ses travaux.

Explorations mathématiques

Il s'agit d'activités ouvertes où les élèves vont explorer un élément de mathématiques pures. Pour certains, l'exploration est une extension de la résolution de problèmes où le processus est ouvert et peut évoluer de telle ou telle façon, selon le profil de l'élève. Ces activités permettent aux élèves de développer leur propre façon d'obtenir des résultats en explorant, en présentant les données sous forme de tableau pour rechercher des régularités, en faisant des hypothèses qui sont ensuite testées, et en justifiant et généralisant leurs résultats. Les élèves sont encouragés à réfléchir à d'autres stratégies, à poser des questions du type « Qu'est-ce qui se passerait si… », et à observer les changements.

Exemple 7

Explorations numériques : soustraire et additionner en inversant

Choisis au hasard un nombre à 3 chiffres :	123
Inverse les chiffres :	321
Soustrais :	321 – 123 = 198
…………………………	…………………………
Commence par le résultat :	198
Inverse les chiffres :	891
… et additionne :	198 + 891 = 1 089

....

Essaie avec un autre nombre : 609

906 – 609 = 297

297 + 792 = 1 089

Explore ce qui se passe lorsque tu choisis des nombres à 3 chiffres différents. Le résultat obtenu est-il toujours 1 089 ?

Exemple 8

Explorer des tétrominos

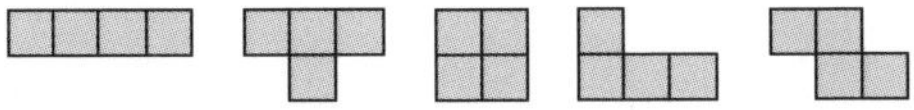

1. Lesquels de ces tétrominos peuvent réaliser un pavage ?
2. Quelles formes différentes peux-tu faire en utilisant ensemble les cinq tétrominos ?
3. Peux-tu faire un rectangle 4 × 5 avec ces tétrominos ?
4. Qu'est-ce que tu peux découvrir d'autre sur les tétrominos ?

Problèmes ouverts courts

L'enseignant peut utiliser des problèmes ouverts courts pour la fonction « enseigner en résolvant un problème » afin de développer une compréhension approfondie des concepts et de la communication mathématiques chez les élèves. Une question ouverte est caractérisée par le fait qu'il existe de nombreuses réponses possibles et qu'on peut y répondre de différentes manières. Souvent, elle ne semble pas compliquée et possède une structure simple accessible à tous.

Exemple : calcul de routine *vs* calcul ouvert

- Mme Morel veut mettre 12 pommes dans différentes assiettes. Chaque assiette doit contenir 3 pommes. Combien d'assiettes lui faut-il ?
- Mme Morel veut mettre 12 pommes dans différentes assiettes. Chaque assiette doit contenir le même nombre de fruits. Montre de combien de manières elle peut placer les pommes dans les assiettes.

Exigences cognitives supérieures de la tâche ouverte :

1. Faire des hypothèses sur l'information manquante : le nombre d'assiettes/le nombre de fruits sur chaque assiette.

2. Accéder aux connaissances pertinentes (par exemple : multiplication, division, fractions, facteurs, etc.).
3. Mettre en évidence le sens des nombres et les modes de regroupement réguliers.
4. Utiliser la stratégie des listes systématiques.
5. Communiquer le raisonnement à l'aide de différents types de présentations.
6. Faire preuve de créativité dans autant de stratégies et solutions que possible.

Heuristique et stratégies de résolution de problèmes

En matière de résolution de problèmes, on utilise en général des termes tels que « stratégies » ou « heuristique » pour décrire certaines techniques utilisées. Les stratégies sont des techniques utiles pour résoudre un large éventail de problèmes ; il existe des étapes générales pour rendre un problème clair, plus simple ou gérable. Les deux termes sont souvent utilisés indifféremment, et parfois combinés : « stratégies heuristiques ». Une heuristique comporte des stratégies générales que la personne qui veut résoudre un problème va utiliser pour s'approcher d'une solution. Dans une étude qui fait référence, Pólya (1971) préconise un processus en quatre étapes :

1. *Regarder*

Qu'est-ce que le problème nous demande de faire ? Qu'est-ce que nous cherchons à trouver ? Pouvons-nous reformuler le problème ?

2. *Planifier*

Que savons-nous ? Que devons-nous faire pour résoudre le problème ? Avons-nous besoin de davantage d'informations ? Y a-t-il une question cachée ? Quelles stratégies sont utiles ?

3. *Faire*

Exécuter le plan. Appliquer des compétences, notions et stratégies mathématiques.

4. *Vérifier*

Il faut comparer avec la question d'origine. Cela fait-il sens ? Devrions-nous revoir notre plan pour remplir toutes les conditions ?

Il existe aussi des stratégies spécifiques que l'on peut enseigner et illustrer en résolvant certains types de problèmes non routiniers :

- Représenter le problème
- Utiliser un schéma/dessiner des modèles
- Faire une liste systématique
- Chercher une ou plusieurs régularités et utiliser une régularité
- Deviner et vérifier/tâtonnements
- Travailler en sens inverse
- Utiliser le concept avant/après
- Résoudre un problème plus simple ou diviser le problème
- Rédiger une phrase mathématique
- Faire des hypothèses

Les élèves ont besoin d'exemples concrets de ces stratégies générales et spécifiques lorsqu'ils travaillent sur un problème. L'enseignant peut également illustrer l'ensemble du processus dans un organigramme (annexe 4-1) pour modéliser les façons d'aborder un problème. On peut afficher ce schéma en classe pour aider les élèves pendant qu'ils résolvent un problème.

Appliquer des stratégies aux problèmes

Dans cette partie, nous allons illustrer quelques stratégies générales utilisées par les élèves dans les classes de Singapour. Nous allons d'abord montrer l'utilisation de la méthode par modélisation pour résoudre des calculs complexes, puis des stratégies pour les problèmes non routiniers.

Stratégie 1 : La méthode par modélisation

Kho (1987) fait valoir quatre arguments en faveur de l'intégration de la méthode par modélisation au programme de mathématiques :

- La modélisation aide les élèves à développer une meilleure compréhension de notions mathématiques telles que fraction, ratio ou pourcentage.
- Elle aide à planifier les étapes pour résoudre un problème arithmétique.
- Elle est comparable à la méthode algébrique, mais moins abstraite.
- Elle peut inciter les élèves à résoudre des problèmes complexes.

Il existe trois modèles structuraux de base que les élèves peuvent apprendre à utiliser : le modèle partie-tout, le modèle de la comparaison et le modèle avant/après. En appliquant cette méthode, l'élève effectue un processus de synthèse : il construit son modèle à partir de l'information fournie avec le problème, puis il analyse ce modèle pour développer une suite d'étapes logiques menant à la solution. Voici des exemples de différents types de modèles et de leurs applications.

Le modèle partie-tout (connu aussi comme le modèle « partie-partie-tout »)

Un tout est divisé en deux ou plusieurs parties. Quand on connaît les parties, on peut trouver le tout par addition. Quand on connaît le tout et une partie, on peut trouver la partie inconnue par soustraction.

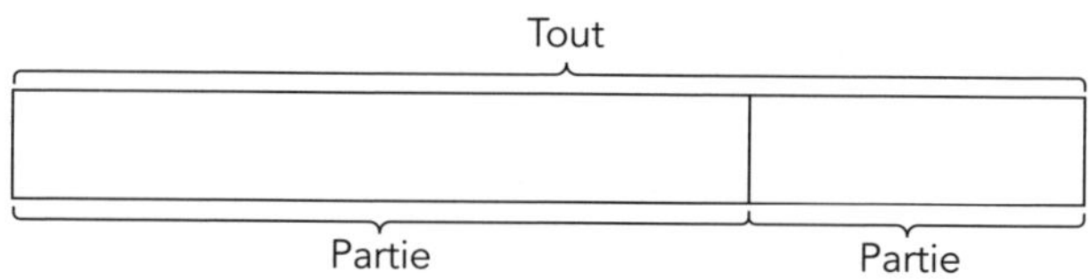

Le modèle partie-partie-tout est aussi pertinent pour les notions de multiplication ou division et fraction lorsque le tout est divisé en parties égales.

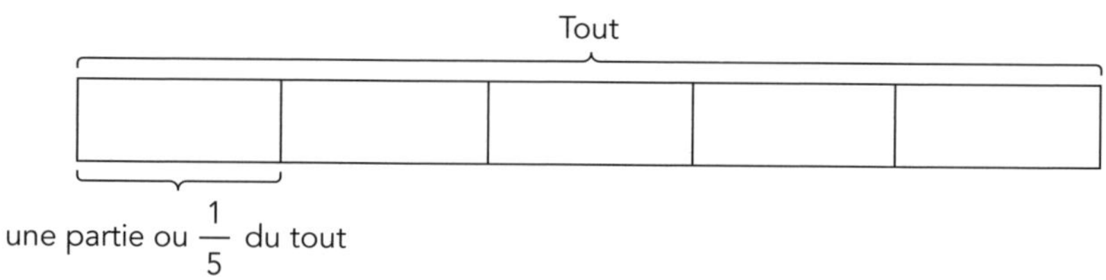

Exemple 9

Juliette a acheté des bonbons. Elle en a mangé la moitié et en a donné 5 à sa meilleure amie. Il lui en reste 7. Combien de bonbons Juliette a-t-elle achetés ?

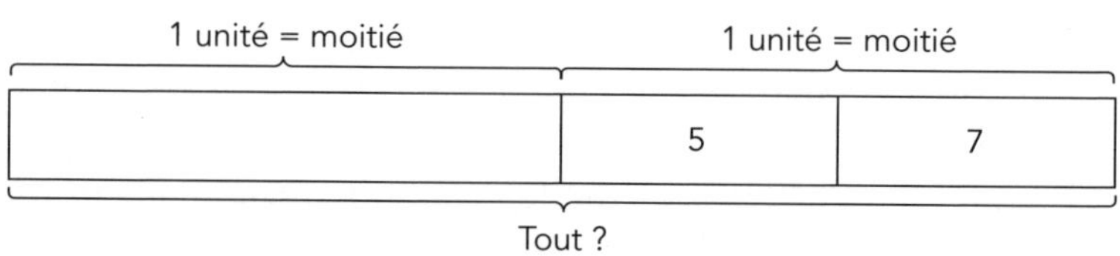

1 unité → $5 + 7 = 12$
tout → 2 unités
→ $12 \times 2 = 24$

Juliette a acheté 24 bonbons.

Exemple 10

$\frac{1}{4}$ des poissons d'un grand aquarium sont des poissons rouges. Il y a 4 guppys de plus dans l'aquarium que de poissons rouges. Les 16 autres poissons sont des carpes. Combien de poissons y a-t-il dans l'aquarium ?

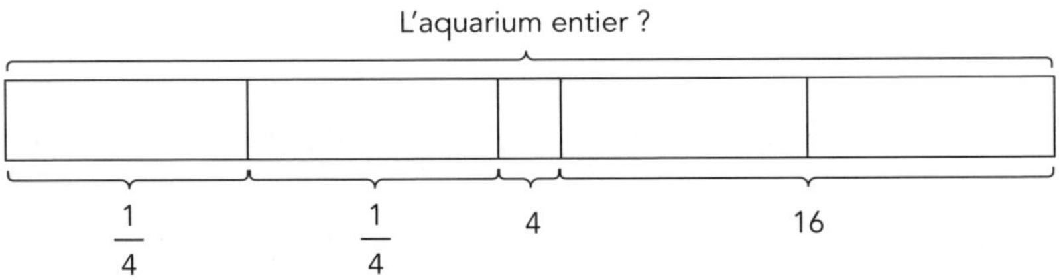

$\frac{1}{4} + \frac{1}{4} = \frac{1}{2}$

La moitié du tout → $4 + 16 = 20$
L'aquarium entier → $20 \times 2 = 40$

Il y a 40 poissons dans l'aquarium.

Exemple 11

6 bouteilles d'eau peuvent remplir $\frac{4}{7}$ d'un bidon. Il faut encore 3 bouteilles et 5 tasses d'eau pour remplir le bidon complètement. Combien de tasses d'eau le bidon peut-il contenir ?

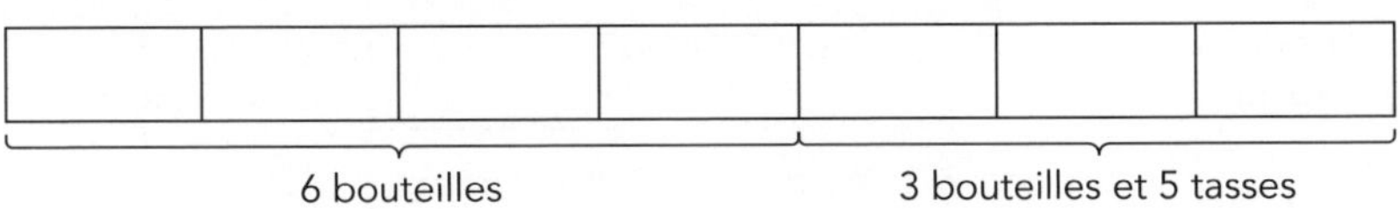

4 unités → 6 bouteilles ; 3 unités → 3 bouteilles + 5 tasses
2 unités → 3 bouteilles ; 3 unités → 2 unités + 5 tasses
Donc 1 unité → 5 tasses
Bidon complet : 7 unités → $7 \times 5 = 35$ tasses

Le bidon peut contenir 35 tasses.

Le modèle de comparaison

Ce modèle montre la relation entre deux ou plusieurs quantités lorsqu'elles sont comparées. Quand A et B sont connus, on peut donner la différence entre les deux ou le rapport. Inversement, on peut trouver A ou B quand l'un des deux et la différence ou le rapport sont connus.

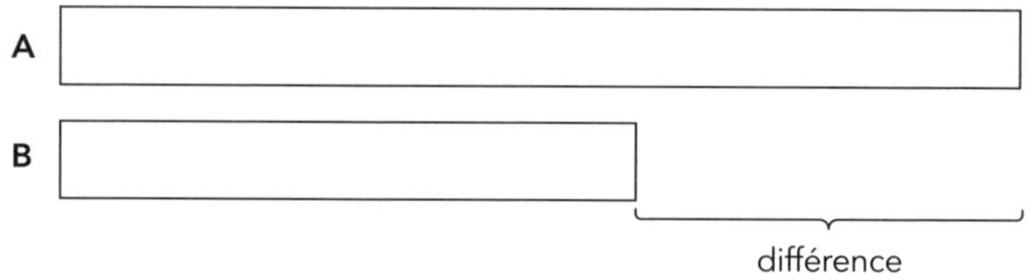

Exemple 12

Ali a vendu trois fois plus d'ordinateurs que Joseph. Ensemble, ils ont vendu 48 ordinateurs. Combien d'ordinateurs Joseph a-t-il vendus ?

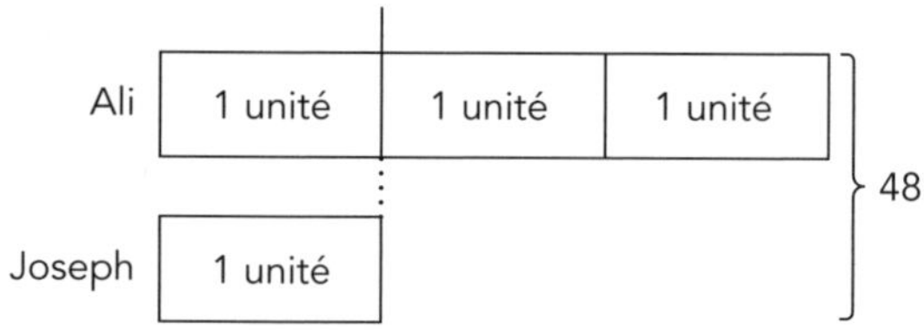

4 unités → 48
1 unité → $48 \div 4 = 12$
Joseph a vendu 12 ordinateurs.

Exemple 13

Deux surligneurs, deux stylos et une trousse coûtent 33,60 €. Un stylo coûte deux fois plus qu'un surligneur. Une trousse coûte 8 € de plus qu'un stylo. Trouve le prix de la trousse.

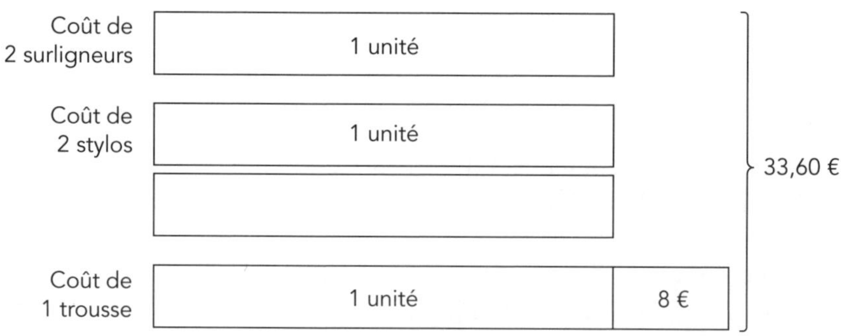

4 unités + 8 € → 33,60 €
4 unités → 33,60 € – 8 € = 25,60 €
1 unité → 25,60 € ÷ 4 = 6,40 €
Coût d'une trousse → 1 unité + 8 €
→ 6,40 € + 8 €
= 14,40 €

Le modèle avant/après

Ce modèle montre la relation entre la nouvelle valeur d'une quantité et sa valeur d'origine après une augmentation ou une diminution. Il implique en général aussi l'utilisation du modèle de comparaison pour des structures avant/après comme celles des calculs complexes.

Exemple 14

Une boîte de bonbons a été partagée entre Madeleine et Charlotte dans un rapport 3 : 2. Madeleine a donné ½ de sa part à Charlotte, qui avait alors 20 bonbons de plus que Madeleine. Combien de bonbons Madeleine a-t-elle donnés à Charlotte ?

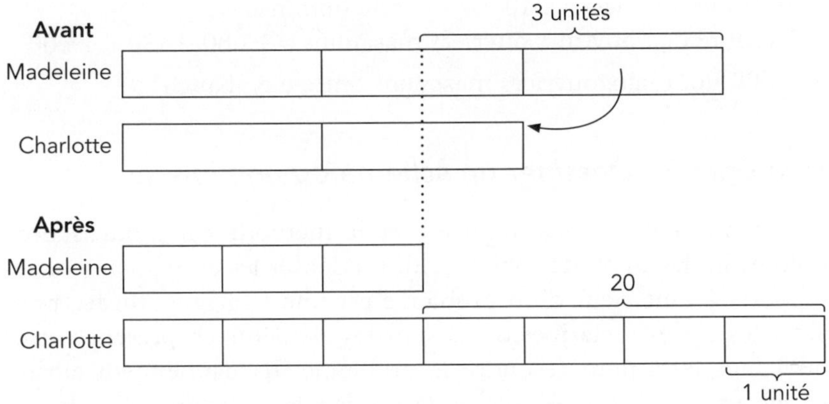

4 unités → 20
1 unité → 20 ÷ 4 = 5
3 unités → 3 × 5 = 15
Madeleine a donné 15 bonbons à Charlotte.

Exemple 15

Dans une usine, il y avait 1 200 ouvriers. 40 % étaient des hommes. De nouveaux ouvriers masculins ont été embauchés jusqu'à ce que le nombre total d'hommes soit de 70 % du personnel total. Combien de nouveaux ouvriers masculins ont été embauchés ?

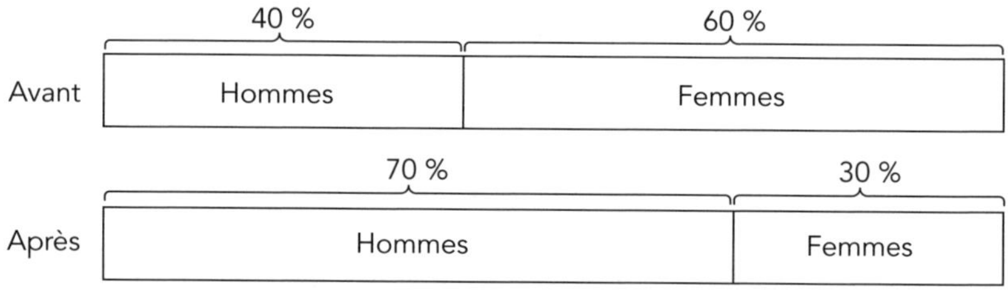

Avant : 40 % des ouvriers = $\frac{40}{100} \times 1\ 200 = 480$ hommes

60 % des ouvriers = $\frac{60}{100} \times 1\ 200 = 720$ femmes

Après : 30 % des ouvriers = 720 femmes
10 % des ouvriers = 720 ÷ 3 = 240
70 % des ouvriers = 240 × 7 = 1 680 hommes
Nombre de nouveaux ouvriers masculins = 1 680 – 480 = 1 200

1 200 nouveaux ouvriers masculins ont été embauchés.

Stratégie 2 : Dessiner un schéma ou une image

Comme nous l'avons montré avec la méthode par modélisation, utiliser un dessin ou des objets pour modéliser les événements ou les rapports à l'intérieur d'un problème est une stratégie efficace pour aider les élèves à clarifier quels sont les éléments en présence et ce qu'il faut faire pour résoudre le problème. Ils parviennent ainsi à visualiser la situation-problème et à saisir les relations spatiales du problème. Cette stratégie est notamment utile pour les élèves qui sont plus à l'aise avec des supports visuels.

Exemple 16

5 élèves, A, B, C, D et E, participent à un tournoi d'échecs. Chacun dispute une partie avec chacun des autres joueurs. Jusqu'à présent, A a joué 4 parties, B 3 parties, C 2 parties et D 1 partie. Combien de parties a jouées E ?

Stratégie : Dessiner un schéma

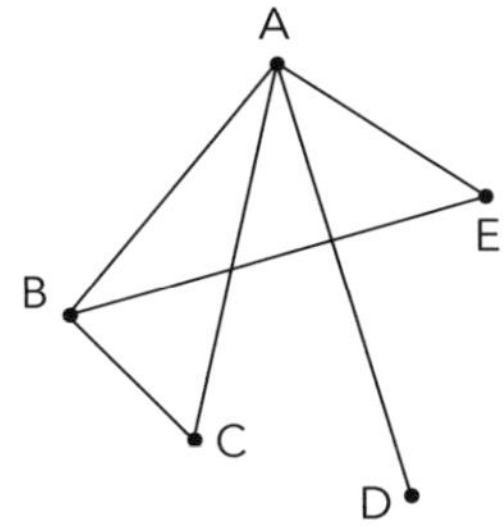

Réponse : E a joué deux parties.

Exemple 17

Christina habite à A. Combien de trajets différents peut-elle faire pour se rendre à l'école ? Peux-tu les trouver tous ?

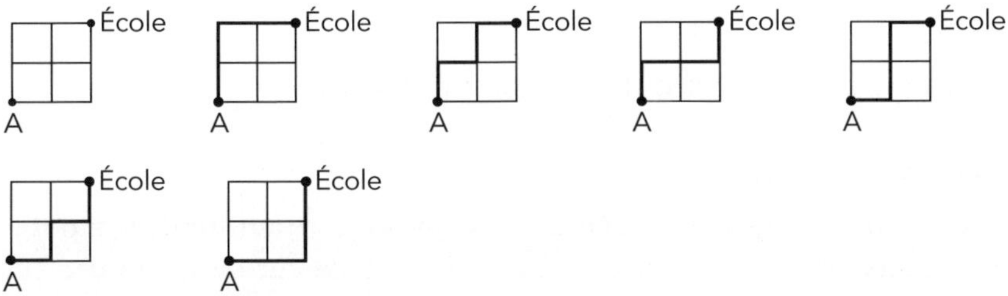

Réponse : 6 trajets différents.

Stratégie 3 : Faire une liste systématique

Faire une liste organisée sous forme de tableau ou de diagramme est une stratégie très utile lorsqu'un problème génère de nombreuses données ou de nombreuses réponses possibles. À l'aide d'une liste organisée, les élèves classent les informations en fonction de certaines caractéristiques et parviennent ainsi à prendre en compte les possibilités de façon méthodique. Ils peuvent utiliser des listes complètes pour déterminer les différentes possibilités, vérifier s'il y a des réponses répétitives ou des régularités, et en déduire des solutions.

Exemple 18

Jean organise une compétition de tir à l'arc. Chaque participant va tirer 3 flèches. Si toutes les flèches atteignent la cible, combien de scores différents sont possibles ?

100	50	10	Total
➪ ➪ ➪			300
➪ ➪	➪		250
➪ ➪		➪	210
➪	➪ ➪		200
➪	➪	➪	160
➪		➪ ➪	120
	➪ ➪ ➪		150
	➪ ➪	➪	110
	➪	➪ ➪	70
		➪ ➪ ➪	30

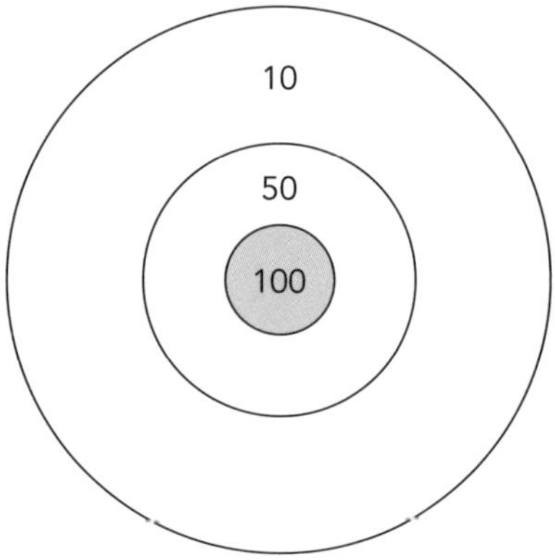

Réponse : 10 scores différents sont possibles.

Exemple 19

Le fermier Legrand veut construire une clôture autour de son potager. L'aire du potager est de 60 m². Si la longueur de la clôture sur chaque côté est mesurée uniquement en nombres entiers de mètres, quels sont les différents périmètres possibles de clôture ?

Largeur	Longueur	Aire	Périmètre
1 m	60 m	60 m²	122 m
2 m	30 m	60 m²	64 m
3 m	20 m	60 m²	46 m
4 m	15 m	60 m²	38 m
5 m	12 m	60 m²	34 m
6 m	10 m	60 m²	32 m

Réponse : Les différents périmètres sont 122 m, 64 m, 46 m, 38 m, 34 m et 32 m.

Exemple 20

Deux trains roulent dans la même direction sur des rails parallèles. Au départ, le train A a une avance de 50 km par rapport au train B. Le train A roule à 90 km/h, le train B à 100 km/h. Combien d'heures faut-il pour que le train B rattrape le train A ?

- Stratégie : dessiner un diagramme

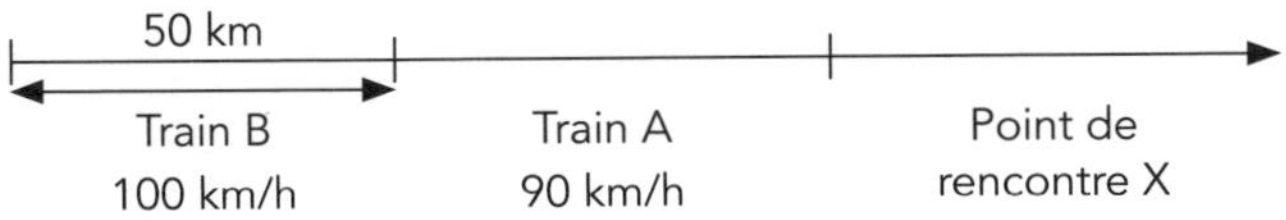

Méthode 1

En 1 heure, le train B parcourt 10 km de plus que le train A. Lorsqu'ils se retrouvent, le train B aura rattrapé la distance de 50 km qui le séparait du train A.

Temps nécessaire = (50 + 10)
= 5 heures

Méthode 2

Faire une liste systématique :

Distance en :	Train A	Train B
1 h	50 + 90 = 140	100
2 h	140 + 90 = 230	200
3 h	230 + 90 = 320	300
4 h	320 + 90 = 410	400
5 h	410 + 90 = 500	500

Réponse : 5 heures.

Stratégie 4 : Chercher des régularités

Trouver et prolonger des régularités est une stratégie fréquemment utilisée pour résoudre des problèmes mathématiques. Au départ, les élèves peuvent acquérir de l'expérience en repérant des régularités numériques et en les verbalisant. Les régularités peuvent également servir à simplifier un processus de résolution de problèmes ; parfois, elles sont même un élément déterminant de la réponse. Souvent, on associe à la recherche de régularités la stratégie des listes systématiques pour permettre aux élèves d'identifier des régularités parmi les données générées.

Exemple 21

Écris les nombres qui manquent.

$1 \times 9 + 2 =$ ________

$12 \times 9 + 3 =$ ________

$123 \times 9 + 4 =$ ________

____ $\times$ ____ $+$ ____ $= 11\ 111$

____ $\times$ ____ $+$ ____ $=$ ____

____ $\times 9 +$ ____ $= 111\ 111\ 111$

Exemple 22

Quelle est la règle qui t'aide à trouver le deuxième nombre quand tu connais le premier ? Écris tes réponses.

Premier nombre	Deuxième nombre
1	5
2	9
3	13
...	...
5	__
...	...
__	41

Exemple 23

C'était la réunion des parents d'élèves. Chaque personne présente dans la salle tenait à serrer la main à tout le monde. Sachant qu'il y a eu 45 poignées de main en tout, combien de personnes se trouvaient dans la salle ?

- Stratégie : regarder des cas plus simples
  2 personnes : 1 poignée de main
  3 personnes : 3 poignées de main
  4 personnes : 6 poignées de main
- Stratégie : faire un tableau avec les résultats et chercher une régularité

Nombre de personnes	2	3	4	5	6	7	8	9	10
Poignées de main	1	3	6	10	15	21			

Observe la régularité : 1, 3, 6, 10, 15, 21…

Chaque fois, l'augmentation est supérieure (+ 1) à l'augmentation précédente.

Est-ce que tu vois d'autres régularités ?

Réponse : il y avait 10 personnes dans la salle.

Stratégie 5 : Deviner et vérifier

Cette stratégie, parfois appelée « par tâtonnements », est fréquemment utilisée de façon aléatoire par les élèves – et souvent vouée à l'échec. Pour qu'elle puisse fonctionner, les élèves doivent deviner des solutions, noter leurs essais ou les inscrire dans un tableau, vérifier leurs hypothèses à partir de l'information fournie dans le problème, puis affiner ces hypothèses en cas d'erreur. L'analyse des erreurs permet d'obtenir des informations utiles sur le problème et d'améliorer les essais suivants.

Exemple 24

Je pense à un nombre positif. En multipliant mon nombre par lui-même, et en y ajoutant ensuite 5 fois mon nombre, j'obtiens 300. Quel est mon nombre ?

Mon nombre	5	10	20	15
Mon nombre × lui-même	25	100	400	225
5 × mon nombre	25	50	100	75
Total	50	150	500	300
Vérification	Trop petit	Trop petit	Trop grand	Parfait

Réponse : mon nombre est 15.

Exemple 25

Franck a acheté 24 stickers. Certains coûtent 15 centimes pièce, d'autres 20 centimes. Sachant qu'il a dépensé 4,00 € au total, combien de stickers de chaque type a-t-il achetés ?

Stickers à 15 centimes × nombre	0,15 € × 10 = 1,50 €	0,15 € × 12 = 1,80 €	0,15 € × 14 = 2,10 €	0,15 € × 16 = 2,40 €
Stickers à 20 centimes × nombre	0,20 € × 14 = 2,80 €	0,20 € × 12 = 2,40 €	0,20 € × 10 = 2,00 €	0,20 € × 8 = 1,60 €
Total	4,30 €	4,20 €	4,10 €	4,00 €
Vérification	Trop	Moins	Moins	Parfait

Réponse : il a acheté 16 stickers à 15 centimes et 8 stickers à 20 centimes.

Stratégie 6 : Simplifier le problème

Cette stratégie, connue aussi sous l'appellation « résoudre un problème plus simple » ou « regarder des cas plus simples », est souvent combinée avec les stratégies « deviner et vérifier » et « chercher des régularités ». Résoudre un cas plus simple lié au problème à traiter permet de procéder dans des conditions plus simples, avant d'appliquer la même approche au problème d'origine. Parfois, en regardant des cas plus simples, on découvre une régularité qui peut mener à la solution du problème d'origine.

Exemple 26

Quelle est la somme des 100 premiers nombres impairs ?

- Stratégie : Regarder des cas plus simples

Le premier nombre impair : 1 — 1 .... 1×1

Les 2 premiers nombres impairs : 1, 3 — $1 + 3 = 4$ .... 2×2

Les 3 premiers nombres impairs : 1, 3, 5 — $1 + 3 + 5 = 9$ .... 3×3

Les 4 premiers nombres impairs : 1, 3, 5, 7 — $1 + 3 + 5 + 7 = 16$ .... 4×4

Les 5 premiers nombres impairs : 1, 3, 5, 7, 9 — $1 + 3 + 5 + 7 + 9 = 25$ .... 5×5

- Stratégie : chercher une régularité

La somme du nombre de nombres impairs est égale au carré du nombre.

Réponse : la somme des 100 premiers nombres impairs
$= 100 \times 100$
$= 10\,000$

Stratégie 7 : Travailler en sens inverse

Les problèmes où l'information donnée indique comment la situation se termine plutôt que comment elle commence nécessite d'inverser les étapes de résolution. Les élèves doivent se concentrer sur les événements qui ont lieu dans l'ordre dans lequel ils se présentent dans le problème, puis effectuer les opérations inverses pour trouver la réponse.

Exemple 27

Chloé travaille dans un restaurant. Elle est payée 12 € de l'heure jusqu'à minuit et 15 € de l'heure après minuit. Vendredi, Chloé a gagné 90 € après avoir travaillé jusqu'à 2 heures du matin. À quelle heure a-t-elle commencé à travailler ?

- Remonter dans le temps par intervalles d'une heure et calculer la somme d'argent pour chaque heure.

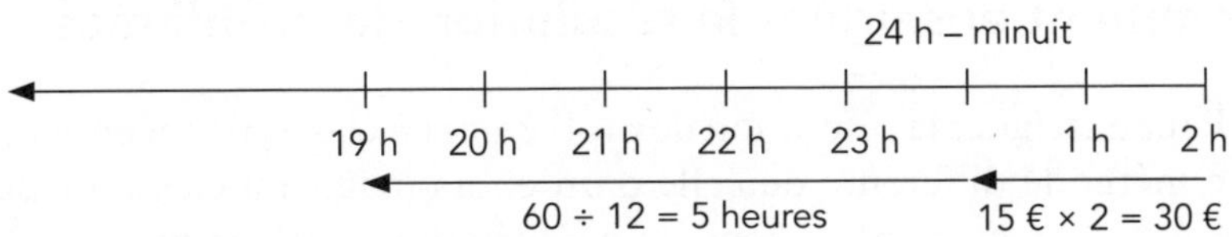

Réponse : Chloé a commencé à travailler à 19 heures.

Exemple 28

Aujourd'hui, Sébastien a 25 €. Hier, il a reçu 9 € de sa tante et donné 3 € à sa petite sœur. Avant-hier, il avait partagé tout son argent équitablement entre ses trois frères et sœurs et lui-même. Combien d'argent Sébastien avait-il au début ?

- Remonter les événements et utiliser les opérations inverses pour trouver la réponse.

Avant-hier	Hier	Aujourd'hui
? ÷ 4	+ 9 € – 3 €	= 25 €
	25 € + 3 € = 28 €	
19 € × 4 = 76 €	28 € – 9 € = 19 €	

Réponse : au début, Sébastien avait 76 €.

Jusqu'à présent, nous avons examiné sept stratégies. Ces sept stratégies heuristiques, illustrées par les exemples ci-dessus, ne sont pas exhaustives, ni exclusives entre elles. Les exemples de problèmes choisis pour chaque stratégie sont en premier lieu destinés à illustrer l'utilisation de cette approche pour différents types de problèmes. Il n'est pas dans notre intention de laisser entendre qu'il n'existe qu'une seule stratégie pour résoudre un problème. Beaucoup de problèmes non routiniers ne sont pas spécifiques à tel ou tel concept mathématique, et il n'existe pas de méthode déterminée pour les résoudre. Différentes stratégies de résolution sont possibles pour le même problème, et souvent, on utilise effectivement plus d'une stratégie heuristique pour résoudre un problème. La plupart des stratégies décrites jusqu'à présent, par exemple travailler de façon systématique, simplifier un problème ou dessiner un schéma, sont des démarches relevant du simple bon sens. Elles permettent de développer des habitudes de résolution de problèmes qui peuvent sensiblement améliorer les résultats des élèves.

Comment enseigner la résolution de problèmes

Pour enseigner la résolution de problèmes en classe, il faut employer une méthode différente de celle d'un cours magistral classique destiné à transmettre des notions ou compétences mathématiques. Une séance de résolution de problèmes est parfois considérée comme peu structurée et difficile à évaluer, y compris lorsque les élèves parviennent à résoudre le problème. Une étude menée par Lester (1983) a montré qu'une démarche systématique était nécessaire pour améliorer la façon dont les élèves utilisent l'heuristique. Lester avait constaté qu'une séance réussie de résolution de problèmes comportait en général trois phrases :

1. La phase de la présentation, où l'enseignant introduisait le problème et répondait aux questions pour aider les élèves à clarifier le problème.

2. La phase du travail de résolution, où les élèves exploraient l'utilisation pertinente des stratégies, tandis que l'enseignant les encourageait à travailler ensemble et posait des questions pour recentrer leur attention ; il ne fournissait de l'aide qu'en dernier ressort.
3. Enfin, la phase de la discussion de la solution, où des élèves choisis faisaient la démonstration de leur solution. L'enseignant encourageait les élèves à vérifier leur travail et orientait la discussion vers des généralisations possibles.

Dans l'étude de Lester, de nombreux enseignants trouvaient la dernière phase difficile à mettre en œuvre, mais les élèves faisaient des progrès en termes de compréhension du problème et d'utilisation des stratégies appropriées : ils apprenaient à réfléchir. Ils travaillaient sur des problèmes non routiniers, passaient de problèmes écrits simples à des problèmes complexes et s'appropriaient les compétences de résolution de problèmes. L'attitude des enseignants à propos de l'importance de la résolution de problèmes et leur aptitude à enseigner s'en trouvaient également améliorées.

Actions pédagogiques et scénarios pour la résolution de problèmes

Il existe de nombreux ouvrages de référence où le professeur peut trouver des conseils utiles pour enseigner la résolution de problèmes. Celle-ci est adaptée au travail en petits groupes mais, en début de séance, il vaut mieux recourir à l'exploration en classe entière ou parfois individuelle. Grâce à la diversité des approches lors de la conception du cours, les explications de l'enseignant peuvent toucher l'ensemble des élèves. Le tableau 4-1 montre un exemple de guide à destination du professeur (Charles et Lester, 1984) comportant dix actions pédagogiques réparties sur les trois périodes distinctes qui composent un cours de résolution de problèmes – AVANT, PENDANT et APRÈS.

La première phase, AVANT, se passe en classe entière : on discute du problème sur lequel les élèves vont travailler, c'est l'étape de la présentation du problème. PENDANT est la phase du travail de résolution, celle où les élèves, individuellement ou en petits groupes, s'efforcent de trouver une solution. APRÈS correspond à la phase où l'on discute des tentatives de résolution, à nouveau en classe entière. Vers la fin de la phase où les élèves travaillent sur le problème, deux élèves au moins notent leurs réflexions au tableau pour illustrer les différentes stratégies utilisées. Cette démarche convient pour tous les problèmes complexes et non routiniers. 20 à 25 minutes environ devraient suffire pour l'ensemble des dix actions pédagogiques. L'annexe 4-2 montre l'esquisse d'un scénario de cours intégrant ces actions. En concevant son scénario, l'enseignant doit ajouter tous les commentaires, conseils et prolongements en rapport avec le problème concerné, ainsi que la solution.

Tableau 4-1. Actions pédagogiques pour la résolution de problèmes

Action pédagogique	Étapes	Objectifs
	AVANT (discussion en classe entière)	
1	Lire l'énoncé du problème à la classe ou le faire lire par un élève. Discuter des mots ou expressions que les élèves ne connaissent peut-être pas.	Illustrer l'importance de lire les énoncés attentivement et de se concentrer sur les mots qui ont une signification particulière en mathématiques.
2	Mener une discussion en classe entière pour favoriser la compréhension en utilisant le schéma de la résolution de problèmes (annexe 4-1) : « Peux-tu re-raconter l'histoire du problème avec tes propres mots ? » ; « Que dois-tu essayer de trouver ? » ; « Trouve les informations importantes. »	Se concentrer sur les données importantes du problème et clarifier certains aspects.
3	(optionnel) Mener une discussion en classe entière sur les stratégies de résolution possibles : « Quelles stratégies peux-tu essayer pour résoudre le problème ? » ; « Peux-tu faire un dessin pour ce problème ? »	Obtenir des idées sur les différentes façons possibles de résoudre un problème.

Action pédagogique	Étapes	Objectifs
	PENDANT (travail individuel ou en petits groupes)	
4	Observer et interroger les élèves pour déterminer où ils en sont dans le processus de résolution du problème.	Diagnostiquer les forces et les faiblesses des élèves en matière de résolution de problèmes.
5	Donner des aides si nécessaire. « Vérifie le schéma de la résolution de problèmes et regarde s'il y a une stratégie qui va t'aider à avancer. »	Aider les élèves à surmonter des blocages lors de la résolution du problème – les aides doivent être soigneusement choisies en amont pour éviter d'aller trop loin.
6	Proposer des prolongements si utile : « Que se passerait-il si… ? » ; « Peux-tu faire des problèmes similaires ? »	Inciter les élèves qui ont déjà fini le travail à appliquer la solution à un problème similaire.
7	Inciter les élèves à trouver une solution pour répondre au problème : « As-tu utilisé toutes les informations importantes ? » ; « La réponse fait-elle sens ? »	Demander aux élèves de vérifier leur travail.
	APRÈS (discussion en classe entière)	
8	Montrer et discuter les solutions en utilisant le schéma de la résolution de problèmes comme base des échanges.	Montrer et nommer différentes stratégies utilisées avec succès pour trouver une solution.
9	Si possible, relier le problème à des problèmes antérieurs et discuter, ou résoudre des prolongements du problème.	Montrer que les stratégies de résolution de problèmes ne sont pas spécifiques aux problèmes et aider les élèves à identifier différents types de situations où des stratégies particulières peuvent être utiles.
10	Si pertinent, discuter des aspects particuliers du problème, par exemple une image qui accompagne l'énoncé.	Montrer comment les aspects particuliers du problème influencent les idées des élèves.

Conclusion

Pour réaliser des cours de résolution de problèmes efficaces, l'enseignant doit avoir confiance en ses propres aptitudes en la matière. Cette confiance, il la développe de la même façon qu'un élève, en faisant des expériences positives. Ce que nous avons vu jusqu'ici dans ce chapitre, à travers des exemples de problèmes et des stratégies de résolution, ne suffira peut-être pas à l'enseignant pour mettre en pratique ces compétences. Il existe cependant de nombreuses ressources que le professeur pourra utiliser pour avancer. Intégrer la résolution de problèmes à l'enseignement primaire doit se faire progressivement, et le rôle de facilitateur qui est alors celui de l'enseignant est différent de son rôle lors d'un cours traditionnel. Les élèves, quant à eux, peuvent être déstabilisés au début, car on ne leur fournit pas d'algorithmes pour résoudre le problème, et ils doivent réfléchir sérieusement. Le professeur doit créer un climat positif en proposant de l'aide et de l'accompagnement, ce qui permet aux élèves de se lancer dans des hypothèses sans avoir peur d'être ridicules.

En guise de conclusion, nous exprimons l'espoir que les professeurs ne se contenteront pas d'enseigner à leurs élèves les stratégies de résolution de problèmes, mais qu'ils réfléchiront aussi au rôle qui est le leur. Voici quelques questions pour nourrir cette réflexion :

- Est-ce que j'aide mes élèves à s'intéresser au problème et à relever le défi ? (Comment le problème est-il présenté ? Est-ce vraiment un problème ?)
- Est-ce que je crée un climat positif dans la classe ? Est-ce que j'encourage diverses approches ? (Est-ce que je réagis positivement aux bonnes propositions ? Est-ce que je rebondis sur les propositions des élèves ?)
- Est-ce que je fournis un cadre où les élèves peuvent réfléchir aux processus concernés et apprendre de leur expérience ? (Est-ce que je mets en avant la compréhension du problème ? Est-ce qu'on discute des stratégies une fois que le problème a été résolu ?)
- Dans quelle mesure suis-je compétent dans la conception de mon cours ? (Le problème choisi est-il adapté aux capacités des élèves ? Ai-je analysé le problème et sa solution pour identifier des aides et des questions d'accompagnement qui permettront aux élèves d'avancer ?)

Références bibliographiques

Charles, R. I. & Lester, F. K. (1984), *Problem Solving: What, Why and How?* Palo Alto, CA : Dale Seymour.

Cockcroft Report. (1982), *Mathematics count: Report of the committee of Inquiry Into the Teaching of Mathematics in School*, Londres : HMSO.

Curriculum Planning and Development Division (CPDD) (2000), *Revised Syllabus for Primary Mathematics*, Singapour : Ministry of Education.

Foong, P. Y. (1990), *A Metacognitive-Heuristic Approach to Mathematical Problem Solving*. Thèse de doctorat non publiée, Melbourne, Monash University.

Kho, T. H. (1987), « Mathematical models for solving arithmetic problems », *in* : *Proceedings of the Fourth Southeast Asian Conference on Mathematical Education (ICMI-SEAMS)* (1er-3 juin) (p. 345-352), Singapour : Institute of Education.

Lester, F. K. (1983), « Trends and issues in mathematical problem-solving research », *in :* R. Lesh & M. Landau (éd.), *Acquisition of Mathematical Concepts and Processes*, New York : Academic Press.

National Council of Teachers of Mathematics (NCTM) (1989), *Principles and Standards for School Mathematics*, Reston, VA : NCTM.

Polya, G. (1971), *How to Solve It* (2e éd.), Princeton, NJ : Princeton University Press.

Annexe 4-1

Diagramme du processus de résolution de problèmes

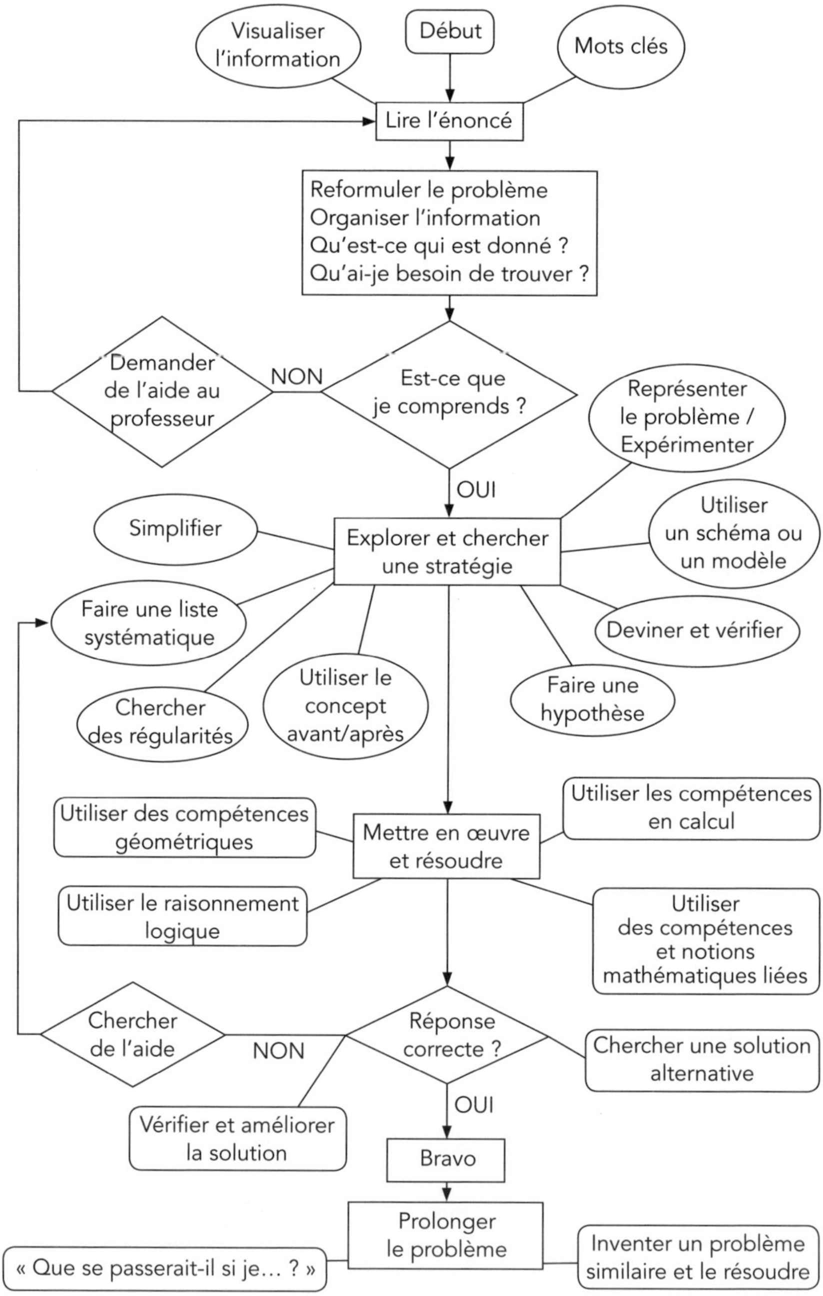

Annexe 4-2

Structure d'une séquence pédagogique de résolution de problèmes

Actions pédagogiques – AVANT

1. Lisez l'énoncé du problème à la classe ou faites-le lire par un élève.

2. Menez une discussion en classe entière. Ajoutez vos propres commentaires ou questions concernant le problème.
   a. ....
   b. ....
   c. ....

3. (Optionnel) Menez une discussion en classe entière sur les stratégies possibles.

Actions pédagogiques – PENDANT

4. Observez et interrogez les élèves pour déterminer où ils en sont dans le processus de résolution du problème.
   ....
   ....

5. Fournissez des aides si nécessaire. Ajoutez vos aides relatives au problème.
   a. ....
   b. ....
   c. ....

6. Fournissez des prolongements si nécessaire. Ajoutez vos questions relatives au problème.
   a. ....
   b. ....
   c. ....

7. Demandez aux élèves qui trouvent une solution de répondre au problème.
   ....
   ....

Actions pédagogiques – APRÈS

8. Discutez des solutions et stratégies. Ajoutez vos commentaires relatifs au problème.
   a. ....
   b. ....

(intégrer les solutions ici)

Résumé/Commentaires

9. Si possible, reliez le problème à des problèmes antérieurs et discutez, ou résolvez des prolongements du problème.

10. Si pertinent, discutez des aspects particuliers du problème. Ajoutez des commentaires relatifs au problème.
   a. ....
   b. ....
   c. ....

CHAPITRE 5

Yeap Ban Har, Lee Ngan Hoe

Évaluation : les tests papier-crayon dans les écoles de Singapour

Les évaluations en mathématiques sont souvent réalisées sous forme de tests papier-crayon. Les items du test sont fournis sous forme écrite, et les élèves répondent sous forme écrite. Ce chapitre décrit les différents types d'items de test généralement utilisés dans les écoles de Singapour, et montre comment les utiliser pour créer un outil d'évaluation pertinent.

Nous fournissons ici les connaissances de base pour préparer des tests. Concevoir des tests est un savoir-faire qui fait appel à des théories que nous ne pourrons pas aborder dans ce cadre, sans oublier que c'est une compétence qui nécessite une pratique professionnelle de plusieurs années.

Dans la première partie de ce chapitre, nous verrons les principales étapes de la conception d'un test et les aspects à prendre en compte, par exemple l'objectif du test, le niveau cognitif ou la pertinence. La deuxième partie présente différents types d'items utilisés dans les épreuves classiques des écoles de Singapour, ainsi que leur finalité et leur structure. Nous y décrivons la conception de différents types d'items, comme les items à réponse courte, à choix multiple et à réponse longue. La troisième partie montre comment combiner ces items pour en faire un outil d'évaluation pertinent. La quatrième partie aborde la conception du barème de notation. Les méthodes alternatives d'évaluation qui complètent les tests classiques grâce à un cadre holistique ne seront pas abordées ici.

Introduction

Diverses stratégies d'évaluation

Un professeur conçoit et réalise ses cours afin de mettre en œuvre les contenus du programme. L'évaluation consiste à vérifier dans quelle mesure les élèves ont atteint les objectifs fixés, ce qui permet ensuite de développer des stratégies de remédiation et d'approfondissement. Il s'agit là d'une évaluation continue, également appelée *évaluation formative*, qui est souvent de nature ponctuelle et informelle. Un autre type d'évaluation sert à faire le point sur les apprentissages des élèves en fin d'année (sous forme d'évaluations semestrielles[1] par exemple) ou à la fin de l'école primaire (comme avec l'examen de fin d'études primaires PSLE, *Primary School Leaving Examinations*)[2]. Les résultats peuvent être utilisés pour déterminer la prochaine étape dans la scolarité de l'élève. Ces évaluations *sommatives*, réalisées au niveau d'une classe, d'une école ou à l'échelle du pays, sont formelles. La plupart du temps, elles prennent la forme de tests crayon-papier en mathématiques.

Activité 1

Faites une liste des stratégies d'évaluation formative pratiquées en mathématiques à l'école primaire. S'agit-il de stratégies de type formel ou informel ? Prennent-elles la forme de tests crayon-papier ?

Objectif d'un item

L'objectif d'un item de test est d'évaluer la réalisation d'un ou plusieurs aspects des objectifs du programme. À Singapour, le programme vise avant tout à développer la capacité à résoudre des problèmes routiniers et non routiniers. Les objectifs pédagogiques spécifient le contenu que les élèves sont censés apprendre. Les élèves en CE2, par exemple, devraient être capables d'additionner des fractions liées.

Les *objectifs des tests* sont utilisés pour déterminer les performances des élèves par rapport aux objectifs pédagogiques. Ils indiquent la compétence que l'item va évaluer. « Additionner des fractions » par exemple est un objectif de test.

Les *niveaux cognitifs* servent à déterminer le niveau des objectifs pédagogiques atteints. Les élèves savent-ils additionner des

1. Dans les écoles de Singapour, les évaluations ont lieu deux fois par an, à la fin de chaque semestre. En parallèle, les écoles pratiquent en général l'évaluation continue.

2. Le PSLE est un examen national réalisé à la fin des six années de la scolarité primaire.

fractions ? Savent-ils identifier des situations classiques et familières où il convient d'additionner des fractions ? Savent-ils résoudre des problèmes inhabituels qui impliquent l'addition de fractions ? Il existe différentes façons de déterminer les niveaux cognitifs des items de test, dont la taxonomie des niveaux cognitifs développée par Bloom. Les items de test y sont classés dans différentes catégories : le niveau des connaissances, le niveau de la compréhension et le niveau de l'application. Dans ce chapitre, nous faisons appel à un système de classification simplifié où les items sont classés selon qu'ils évaluent les compétences de base, la résolution de problèmes routiniers ou la résolution de problèmes non routiniers.

- **Item 1** (Compétences de base)

  Trouve la valeur de $\frac{2}{3} + \frac{1}{6}$.

  Item 1 est conçu pour évaluer la compétence de base de l'élève en matière d'addition de fractions.

- **Item 2** (Résolution de problèmes routiniers)

  Aline, Benjamin et Chloé se partagent une pizza.

  Aline prend $\frac{1}{3}$ de la pizza.

  Benjamin prend $\frac{1}{2}$ de la pizza.

  Chloé prend le reste de la pizza.

  Quelle fraction de la pizza Aline et Benjamin obtiennent-ils ?

  L'item 2 demande aux élèves de modéliser la situation comme une situation où il faut additionner des fractions. Ensuite, ils doivent effectuer cette opération. L'item 2 évalue donc la capacité des élèves à résoudre des problèmes impliquant l'addition de fractions, une tâche familière couramment proposée dans les supports pédagogiques destinés aux élèves. L'item 2 évalue la résolution de problèmes routiniers impliquant l'addition de fractions.

- **Item 3** (Résolution de problèmes inhabituels)

  Les symboles ▲ et ● représentent des nombres entiers.

  $$\frac{1}{\blacktriangle} + \frac{1}{\bullet} = \frac{7}{12}$$

  Lequel des nombres suivants ne peut pas être une valeur des symboles ?

  (1) 6 (2) 2

  (3) 3 (4) 4

L'item 3 n'est pas une tâche familière comme en proposent les supports pédagogiques des élèves. Il n'y a pas de méthode prédéterminée pour effectuer la tâche, les élèves utiliseront peut-être l'une des heuristiques apprises. Ceux parmi eux qui sont meilleurs en résolution de problèmes et en métacognition réussissent en général mieux. L'item 3 évalue la résolution de problèmes inhabituels impliquant l'addition de fractions.

Les objectifs du test et les niveaux cognitifs permettent de vérifier la *pertinence* d'un item. Nous pouvons analyser un item pour vérifier s'il évalue les objectifs pédagogiques indiqués au niveau cognitif visé. Un item n'est pas pertinent lorsque les réponses montrent que la majorité des élèves ne maîtrise pas la compétence concernée au niveau cognitif visé.

Dans un test où les élèves ne disposent pas de l'aide d'une calculatrice, il faut éviter les calculs pénibles à effectuer. L'item qui suit est mal choisi pour remplacer l'item 1, notamment dans le cadre d'un programme qui met davantage l'accent sur la compréhension conceptuelle et la résolution de problèmes que sur les calculs.

Trouve la valeur de $\frac{1}{13} + \frac{7}{15}$.

Le recours à des nombres élevés dans un item de test écrit nuit souvent à la pertinence du test.

Activité 2

Rédigez un objectif de test. Rédigez différents items de test pour cet objectif à trois niveaux cognitifs différents.

Types d'items de test

Questions à réponse choisie et questions à réponse construite

Dans les tests crayon-papier, les élèves répondent par écrit. Dans certains items, ils choisissent leurs réponses parmi une liste de propositions : ce sont les questions *à réponse choisie*. Dans d'autres items, ils construisent leurs réponses. On évalue alors également leur aptitude à communiquer leurs réponses sous forme écrite : ce sont les questions *à réponse construite*. En général, en CM2 et en 6e, on attend plus souvent des élèves qu'ils donnent des réponses construites qu'aux niveaux inférieurs (du CP au CM1).

Items à réponse courte

Dans les items à réponse courte, les élèves doivent tout simplement donner la réponse finale, accompagnée ou non d'un court travail, qui est plutôt considéré comme évident. Un élève de bon niveau pourra négliger ce travail tandis qu'un élève plus faible en aura peut-être besoin. Dans les items à réponse courte, les élèves sont libres de donner simplement la réponse finale ou d'inclure des étapes intermédiaires de travail.

Les items à réponse courte peuvent servir à évaluer des compétences de base comme le calcul et l'utilisation de démarches standard.

- **Item 4**
  Objectif du test : additionner des nombres décimaux
  Niveau cognitif : compétences de base
  Trouve la valeur de 2,5 + 8,07.
- **Item 5**
  Objectif du test : diviser des fractions par un nombre entier
  Niveau cognitif : compétences de base
  Trouve la valeur de $\frac{3}{4} \div 6$.
- **Item 6**
  Objectif du test : trouver le périmètre d'une figure
  Niveau cognitif : compétences de base
  Trouve le périmètre du rectangle.

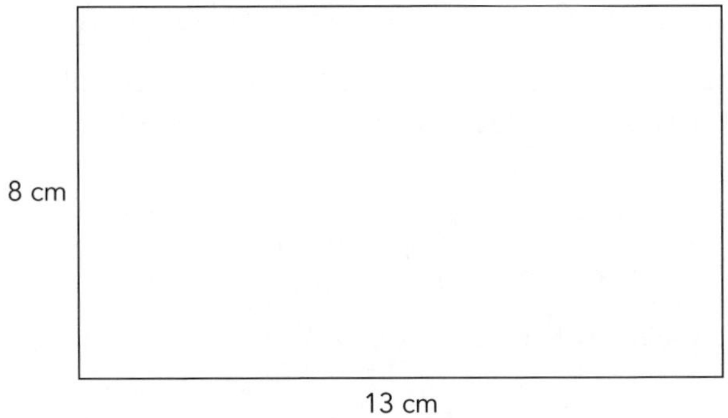

Les items à réponse courte peuvent servir à évaluer l'aptitude à résoudre des problèmes familiers composés d'une seule étape. Dans ces items, un travail court mène à la réponse. Certains élèves sauront donner la réponse finale sans effectuer cette étape explicitement. Ils ne seront pas pénalisés, car on estime que le travail en question est suffisamment évident. Les items 7 et 8 montrent des exemples.

- **Item 7**

  Objectif du test : calculer des pourcentages
  Niveau cognitif : résolution de problèmes de routine

  22 des 40 élèves d'une classe font partie de la chorale.
  Quel pourcentage des élèves de la classe fait partie de la chorale ?

- **Item 8**

  Objectif du test : convertir des mètres en centimètres et *vice versa*, et additionner des longueurs
  Niveau cognitif : résolution de problèmes de routine

  Stéphanie mesure 15 cm de moins que Claire.
  Stéphanie mesure 1,5 m.
  Quelle est la taille de Claire en cm ?

Les items à réponse courte peuvent également être utilisés quand la réponse consiste à faire un dessin, ou lorsqu'on demande aux élèves d'effectuer des mesures. Dans ces cas, seule la réponse finale peut être donnée sous forme écrite. La forme de la réponse courte est donc appropriée ici.

Souvent, deux ou trois items sont basés sur un ensemble d'informations données afin de compenser le temps dont les élèves ont besoin pour saisir l'information.

Objectif du test : résoudre des problèmes comportant des prix
Niveau cognitif : résolution de problèmes de routine

Le tableau indique les tarifs du parking du centre-ville entre 7 h 00 et 24 h 00. Utilise le tableau pour répondre aux items 9 et 10.

1re heure	1,80 €
Toute demi-heure commencée	1,00 €
Après 17 h 00	forfait 3,00 €

- **Item 9**

  M. Lebel a garé sa voiture au parking du centre-ville de 15 h 45 jusqu'à 17 h 10. Combien doit-il payer ?

- **Item 10**

  Mme Portier se rend compte qu'elle n'a que 4,30 € sur elle.

  Elle s'est garée au parking du centre-ville à 11 h 50.

  À quelle heure au plus tard doit-elle quitter le parking pour avoir suffisamment d'argent pour payer ?

Items à réponse longue

Les items à réponse longue sont en général des problèmes à plusieurs étapes où les élèves doivent communiquer les méthodes employées pour trouver la solution. Ces items peuvent être non structurés ou structurés. Certains items sont structurés afin d'aider les élèves à résoudre un problème plus important, la première partie aidant alors à résoudre la seconde. D'autres items sont structurés de façon à fournir à l'élève des problèmes moins importants à résoudre, à partir du même ensemble d'informations. Dans un test, les items structurés précèdent habituellement les items non structurés.

Les items 11 et 12 sont des items à réponse longue non structurés de deux domaines différents. Dans chaque problème, les élèves doivent identifier les sous-problèmes à résoudre. Les solutions aux items à réponse longue non structurés comportent en général plusieurs étapes qui peuvent être exprimées à l'écrit.

- **Item 11**

  Mme Leforestier avait des billets de 2, 5 et 10 €.

  La *valeur* des billets de 2, 5 et 10 € était dans un rapport de 3 : 10 : 5.

  Après avoir utilisé $\frac{2}{3}$ des billets de 2 € et 16 des billets de 5 €, il lui restait 240 €.

  Trouve la *valeur* des billets de 10 €.

- **Item 12** (SEAB, 2005, p. 32)

  La figure suivante est composée de deux carrés identiques, 4 rectangles identiques et 3 demi-cercles identiques. Quelle est l'aire de la figure ? ($\pi = 3{,}14$)

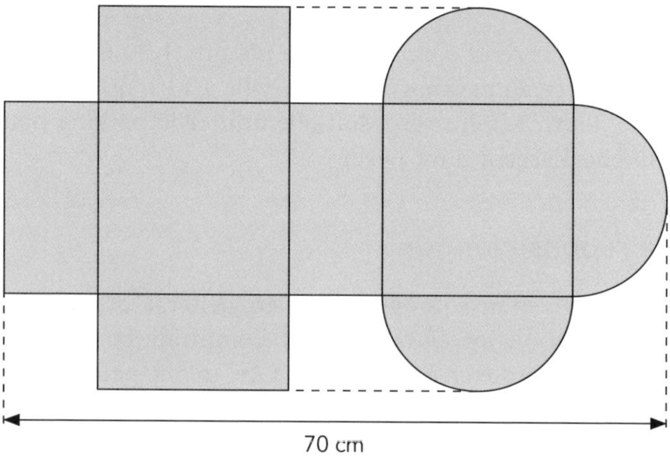

L'item 13 est un item à réponse longue structuré dont la première partie fournit des informations pour la résolution de la seconde.

- **Item 13**

Camille et Max ont économisé chacun un montant fixe tous les jours.

Max, qui a commencé à épargner plus tôt, économisait 3 € par jour.

Quand Max avait économisé depuis 20 jours, Camille avait épargné 20 €.

Quand Max avait économisé depuis 26 jours, Camille avait épargné 44 €.

a) Combien Camille économisait-elle chaque jour ?

b) Pendant combien de jours Max doit-il avoir économisé pour que le total de leurs économies soit de 164 € ?

L'item 14 est un item à réponse longue structuré où il n'y a pas de lien entre la première et la seconde partie. Il s'agit essentiellement de deux problèmes plus petits basés sur la même information.

- **Item 14**

Jacques dessine une figure comme celle-ci.

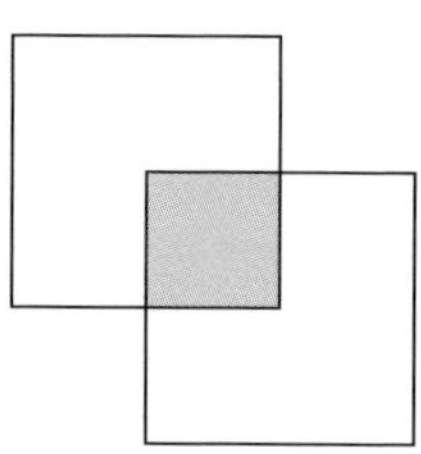

La figure se compose de deux carrés, tous les deux de 8 cm de côté.

La partie grisée est un carré de 4 cm de côté.

a) Trouve le périmètre de la figure.

b) Trouve l'aire de la figure.

Les items à réponse longue sont appropriés pour évaluer la résolution de problèmes. Les items non structurés permettent aux élèves de montrer leur aptitude à identifier et effectuer des étapes intermédiaires. Les items structurés permettent aux élèves de montrer qu'ils savent résoudre un problème à l'aide de quelques indices. Les items structurés conviennent également lorsqu'il s'agit de résoudre des petits problèmes fondés sur des données nombreuses.

Items à choix multiples

Alors que les items à réponse courte et les items à réponse longue sont en général des items à réponse construite, les items à choix multiples sont des items à réponse choisie. Après l'énoncé de la question, plusieurs réponses sont proposées, le plus souvent quatre. L'une de ces propositions constitue la bonne réponse, appelée « clé ». Les élèves répondent en général en cochant leurs solutions dans une grille. Les réponses erronées, appelées « distracteurs », renseignent sur les idées fausses des élèves ou les erreurs récurrentes. Quand il n'y a pas suffisamment de bons distracteurs, le format du QCM n'est pas utilisé.

- **Item 15**

  Objectif du test : additionner des nombres à 3 chiffres au maximum

  Quelle est la valeur de 26 + 137 ?

  1) 153   2) 163

  3) 397   4) 1 513

Dans l'item 15, l'énoncé ne comporte qu'une question. La clé est le n° 2. Chaque distracteur renvoie à une erreur récurrente souvent observée chez les élèves. Pouvez-vous décrire l'erreur récurrente ?

Même si le format que nous venons de voir est le format le plus fréquent, il arrive que l'énoncé prenne la forme d'une expression à compléter.

26 + 137 = ____

1) 153   2) 163

3) 397   4) 1 513

Les propositions de réponse sont présentées dans un certain ordre. Dans l'item 15, elles sont présentées de façon ascendante. Il arrive toutefois qu'on n'adopte pas un classement ascendant ou descendant, car l'item ne serait alors plus pertinent. Un item non pertinent est un item qui peut être traité correctement par des élèves n'ayant pas atteint les objectifs du test.

- **Item 16**

  Objectif du test : comparer des nombres décimaux

  Lequel de ces nombres est le plus grand ?

  1) 0,6 2) 0,71

  3) 0,095 4) 0,604

Lorsque le contenu d'une des réponses correspond à l'un des numéros des différentes réponses, cette réponse doit être placée à un autre endroit. Dans l'item 17, la réponse « 2 » est le numéro 2 des réponses. Dans quelle mesure cela augmente-t-il la pertinence de l'item ? Pourquoi les nombres utilisés sont-ils petits ?

- **Item 17**

  Objectif du test : utiliser l'ordre des opérations

  Quelle est la valeur de $30 - (6 + 12) \div 3 \times 2$?

  1) 8 2) 2

  3) 18 4) 27

Activité 3

Procédez à une analyse de plusieurs items à choix multiples. Identifiez l'objectif du test, le niveau cognitif et l'erreur associée à chaque distracteur. Un exemple est fourni.

– Objectif du test : utiliser l'ordre des opérations
Niveau cognitif : compétences/connaissances de base

Quelle est la valeur de $30 - (6 + 12) \div 3 \times 2$?

1) 8 Les élèves calculent l'expression de gauche à droite.
2) 2 Les élèves calculent $30 - (6 + 12)$ et 3×2 d'abord.
3) 18 Les élèves effectuent les opérations dans le bon ordre.
4) 27 Les élèves effectuent la multiplication avant la division.

L'utilisation du QCM ne se limite pas à évaluer les compétences de base et la résolution de problèmes routiniers. Cet outil se prête également à l'évaluation de la résolution de problèmes non routiniers. L'item 18 illustre ce type de problème.

- **Item 18**

Objectif du test : multiplier des nombres à 4 chiffres maximum par un nombre à un chiffre

Niveau cognitif : résolution d'un problème nouveau/application

Différentes lettres représentent différents chiffres.
La même lettre représente le même chiffre.
LEON × 9 = NOEL
Quelle lettre représente le chiffre 9 ?
1) L 2) E
3) O 4) N

Cet item est destiné à évaluer le sens des nombres des élèves en matière de multiplication. Les élèves font-ils des observations générales sur la multiplication après avoir effectué des calculs numériques ? Comprennent-ils par exemple que le fait de multiplier un nombre par 9 produit souvent un résultat qui a un chiffre de plus que le nombre d'origine sauf lorsque ce nombre commence par 1 ? Si c'est le cas, les élèves vont comprendre que la lettre L doit être le chiffre 1. Si L = 1, alors N = 9. Cet item fait appel à des compétences allant au-delà du niveau de base pour la multiplication. L'aptitude à multiplier un nombre par un nombre à un chiffre est nécessaire mais pas suffisante, il faut aussi des compétences en résolution de problèmes. Comme cette tâche n'est pas familière à la plupart des élèves, l'item est non routinier.

L'item 18 montre également un exemple où les distracteurs ne nous renseignent pas sur les idées fausses ou les erreurs récurrentes des élèves. Le problème est du type à réponse choisie, car il demande à l'élève d'identifier la lettre qui représente le chiffre 9.

Activité 4

Rédigez différents types de tests. Travaillez en groupe pour critiquer et améliorer les items.

Concevoir un test

Concevoir des tests de fin de séquence

Avec un test de fin de séquence, on évalue plusieurs objectifs pédagogiques. Les sujets à évaluer sont encore nouveaux pour les élèves. L'évaluation doit aider le professeur à identifier les faiblesses existantes et à concevoir des actions de remédiation.

Activité 5

- Cas 1

Frédérique Leblond est une enseignante remplaçante non formée. Elle a rédigé un test destiné à être utilisé en fin de séquence, quand les élèves de CP auront appris à additionner des nombres à un chiffre. Son test comporte 5 items.

a. 8 + 1 =
b. 5 + 3 =
c. 9 + 4 =
d. 7 + 4 =
e. 6 + 3 =

- Cas 2

Muriel Joubert est une enseignante expérimentée habituée aux élèves de CP. Elle a conçu un test assez différent pour la fin de la séquence.

a. ❍ ❍ ❍ ❍ ❍ ❍ ❍ ❍ ❍ ❍ ❍ ❍
8 + 4 =
b. ◆ ◆ ◆ ◆ ◆
5 + 7 =
9 + 5 =
c. 7 + 4 =
d. 2 + 9 =
e. 7 + 0 =

Comparez les deux tests. Qu'est-ce qui les distingue ?

Un test de fin de séquence doit comporter des items qui aident le professeur à vérifier si les élèves ont atteint les objectifs pédagogiques et identifier leurs difficultés. En concevant un test, l'enseignant doit anticiper l'outil de suivi pédagogique. Voici la fiche de suivi de Muriel Joubert pour son test de fin de séquence.

Addition de nombres à un chiffre		Alan
Compétence	Maîtrisée	Remarques
Savoir additionner à l'aide d'images	*Oui*	
Savoir additionner sans l'aide d'images	*Oui*	*Les items 1 et 4 sont corrects.*
Savoir additionner zéro à un nombre	*Non*	*Réponse erronée : 8.*

Addition de nombres à un chiffre		Betty
Compétence	**Maîtrisée**	**Remarques**
Savoir additionner à l'aide d'images	*Partiellement*	*Item 1 correct mais item 2 avec deux réponses erronées*
Savoir additionner sans l'aide d'images	*Non*	*Items 3 et 4 erronés.*
Savoir additionner zéro à un nombre	*Oui*	

Un test de fin de séquence peut aussi comporter une indication chiffrée qui reflète la performance de l'élève. Il peut également y avoir des objectifs pédagogiques spécifiques.

Concevoir des tests de fin de semestre

Dans les évaluations semestrielles, le score ou la note obtenus doivent être signifiants. Ainsi, lorsqu'un élève de CM1 obtient 80 %, le professeur et les parents savent qu'il travaille bien en mathématiques. Cependant, il ne sera peut-être pas en mesure de se débrouiller avec des problèmes non routiniers. Les tableaux 5-1 et 5-2 donnent des exemples de tests papier-crayon utilisés dans les écoles de Singapour[1].

Une fois que l'échelle de notation est fixée, le professeur est à même de déterminer la part des items portant respectivement sur les calculs et procédures de base, la résolution de problèmes routiniers et la résolution de problèmes non routiniers.

Comme l'explique un enseignant responsable du département de mathématiques de son école, un examen semestriel comprend en général 30 % d'items de calculs et procédures de base et 50 % de problèmes familiers, les items restants étant des problèmes inhabituels. Un élève qui atteint 30 % ne maîtrise pas les calculs et procédures de base. Un élève qui obtient 50 % sait en général effectuer les calculs et procédures de base, et il est en mesure de résoudre certains problèmes familiers à une étape. Un élève qui réalise 70 %

1. Pour plus d'informations, voir Curriculum Planning and Development Division (CPDD), *Assessment Guide to Primary Mathematics*, Singapour, Ministery of Education (MOE), 2004.

Tableau 5-1. Échelle de notation pour les 4 premières années d'enseignement primaire (Singapour)

Niveau de réalisation	Notation	Court descriptif
1	85 à 100 %	L'élève est capable de résoudre un problème familier.
2	70 à 84 %	L'élève est capable de résoudre un problème, mais a quelques difficultés avec les problèmes inhabituels.
3	50 à 69 %	L'élève sait effectuer des calculs de base et des tâches de routine.
4	Moins de 50 %	L'élève n'est pas en mesure d'effectuer des calculs de base et des tâches de routine de façon satisfaisante.

Tableau 5-2. Échelle de notation pour les 2 dernières années d'enseignement primaire (programme standard, Singapour)

Classement	Notation	Court descriptif
A*	91 à 100 %	L'élève est capable de résoudre des problèmes inhabituels.
A	75 à 90 %	L'élève est capable de résoudre des problèmes dont quelques problèmes inhabituels avec un peu d'aide.
B	60 à 74 %	L'élève est capable de résoudre un problème familier.
C	50 à 59 %	L'élève est capable de résoudre certains problèmes familiers de base.
D	35 à 49 %	L'élève est capable d'effectuer des calculs de base et des tâches de routine.
E	20 à 34 %	L'élève est uniquement capable d'effectuer des calculs de base et des tâches de routine de niveau inférieur.
U	Moins de 20 %	L'élève n'est pas capable d'effectuer des calculs de base et des tâches de routine de niveau inférieur.

sait effectuer la plupart des tâches, sauf les problèmes non familiers. Cette répartition s'observe d'année en année, les résultats sont donc signifiants.

Pour concevoir les examens semestriels, on utilise volontiers un tableau de spécification. C'est une sorte de schéma pour le document de l'examen qui indique les compétences à évaluer, leur importance relative et le niveau cognitif. Le tableau 5-3 présente un exemple.

Tableau 5-3. Tableau de spécification

Thème ou objectif pédagogique spécifique	Temps d'enseignement	Pourcentage des notes	Section A			Section B			Section C		
			C1	C2	A	C1	C2	A	C1	C2	A
							Total C1, C2, A		30	50	20

Le nombre d'items d'un thème dépend du temps qui y est consacré en classe. Si 4 semaines sur 20 ont été consacrées à un thème, par exemple, 20 % des notes de l'ensemble de l'examen devraient être basés sur ce thème. La recommandation pour la distribution des items sur les différents niveaux cognitifs est la suivante : 30 % : 50 % : 20 %. Si on utilise la taxonomie de Bloom, 30 % des notes concernent des items du niveau des connaissances (C1), 50 % des items du niveau de la compréhension (C2) et le reste des items du niveau de l'application (A). Avec un système de classification différent, 30 % des notes viennent des items évaluant les calculs et procédures de base, 50 % de ceux qui portent sur la résolution de problèmes familiers et le reste de ceux concernant la résolution non guidée de problèmes non familiers.

Le tableau de spécification permet également de vérifier la distribution des items sur différents niveaux cognitifs. Il est par exemple inhabituel d'avoir une grande part de problèmes non familiers dans la section des réponses courtes. La section des items à choix multiples comporte en général des items de différents niveaux cognitifs, mais avec une plus grande part d'items concernant les compétences de base et la résolution de problèmes routiniers. La section des items à réponse longue devrait avoir une part moins importante d'items évaluant les compétences de base. La plupart des problèmes non familiers devraient se trouver dans cette section.

Préparation d'un barème

On prépare la grille de notation en même temps qu'on rédige les items du test. Un barème sert à déterminer comment il faut graduer les réponses des élèves. Il indique quelle partie de la note concerne le développement et quelle partie la réponse finale. En général, pour les tâches routinières et familières, l'accent est mis sur la réponse finale. Quant aux tâches non familières, on valorise le développement même si la réponse finale est erronée. Pour les tâches où la démarche appliquée est difficile à montrer sur le papier, c'est la réponse finale qui renseigne sur la pertinence du développement.

L'utilisation d'un barème augmente la fiabilité d'un test. Le score attribué ne dépend pas de la personne qui note mais du travail effectivement réalisé par l'élève. Recourir à une grille améliore en outre la pertinence d'un test. On veille ainsi à ce que l'appréciation porte avant tout sur la compétence qui est évaluée, sans pénaliser outre mesure l'élève qui commet des erreurs mineures.

Barème pour les items concernant les compétences de base

La plupart des élèves des niveaux supérieurs savent effectuer des calculs mentaux pour trouver la valeur de $\frac{2}{3} + \frac{1}{6}$ (voir item 1). On attend donc une réponse finale précise. Cet item prendra de préférence la forme d'une question à réponse courte où seule la réponse finale est notée. Un barème typique accordera tous les points à la bonne réponse, et aucun point par ailleurs.

Pour des élèves qui viennent seulement d'apprendre l'addition de fractions, en revanche, le barème accordera peut-être tous les points à la bonne réponse et quelques points à une réponse incorrecte avec une étape intermédiaire correcte.

Réponse	Barème CM1	Barème 6^e
$\frac{2}{3}+\frac{1}{6}=\frac{4}{6}+\frac{1}{6}=\frac{5}{6}$	Bonne opération – 1 point Bonne réponse – 1 point	Bonne opération – 0 point Bonne réponse – 1 point
$\frac{2}{3}+\frac{1}{6}=\frac{4}{6}+\frac{1}{6}=\frac{4}{6}$	Bonne opération – 1 point Mauvaise réponse – 0 point	Mauvaise réponse – 0 point
$\frac{2}{3}+\frac{1}{6}=\frac{2+1}{3+6}=\frac{3}{9}$	Mauvaise opération – 0 point	Mauvaise opération – 0 point
$\frac{2}{3}+\frac{1}{6}=\frac{5}{6}$	Opération non explicite Bonne réponse – 2 points	Opération non explicite Bonne réponse – 1 point

Présent dans un test de CM1, cet item peut recevoir 2 points au maximum alors qu'en 6e, le maximum possible est 1 point.

De nombreux élèves des niveaux supérieurs savent résoudre l'item 2 en faisant du calcul mental. Mais il peut aussi y avoir des élèves qui ont correctement modélisé la situation sans obtenir la bonne réponse. La modélisation est un aspect soumis à évaluation et devrait être prise en compte quand elle est effectuée correctement. Cet item prendra plutôt la forme d'une question à réponse courte où l'opération et la réponse finale sont notées. En voici un exemple représentatif.

Réponse	Barème
$\frac{5}{6}$	Pas d'opération Bonne réponse – 2 points
$\frac{1}{3}+\frac{1}{2}=\frac{5}{6}$	Bonne opération – 1 point Bonne réponse – 1 point
$\frac{1}{3}+\frac{1}{2}=\frac{2}{5}$	Bonne opération – 1 point Mauvaise réponse – 0 point

En général, les items qui évaluent des compétences de base attribuent 1 ou 2 points. Lorsque la réponse est bonne, on donne tous les points, que l'opération soit indiquée ou pas. En cas de mauvaise réponse, on récompense une bonne opération si elle est explicite.

Barème pour les items à réponse longue

Contrairement aux items concernant les compétences de base, la méthode de résolution est une composante clé des réponses aux items à réponse longue. Lorsque la méthode n'est pas explicitée, les élèves n'obtiennent pas la totalité des points. La communication mathématique étant un des aspects du programme, on sanctionne ici l'incapacité ou la réticence à communiquer la méthode utilisée.

Le barème prévoit en général trois types de points, M, A et B. Les points M récompensent une méthode correcte appliquée aux nombres appropriés. Ces points ne sont pas perdus en cas d'erreur dans les calculs, la manipulation ou les unités. Les points A récompensent les bonnes réponses et les réponses partielles, mais uniquement une fois que les points M ont été attribués. Ils ne sont pas donnés pour des réponses d'apparence correcte issues d'opérations incorrectes. Les points B sont accordés aux bonnes réponses, indépendamment des points M. Là aussi, ces points ne sont pas donnés pour des réponses d'apparence correcte issues d'opérations incorrectes.

Une boîte de cartes de vœux a été partagée équitablement parmi un groupe de 35 élèves.

7 élèves ont donné toutes leurs cartes au reste du groupe.

Les autres élèves ont ainsi reçu chacun 2 cartes supplémentaires.

Combien de cartes y avait-il dans la boîte au départ ?

Élément noté	Points attribués	Commentaires
2×28	M1	Une sanction pour les réponses correctes sans mise en évidence des étapes doit être décidée avant d'attribuer les points, par exemple B2.
$56 \div 7$	M1	
8×35	M1	
280	A1	

Activité 6

Comment attribueriez-vous les points aux réponses suivantes, à l'aide du barème ci-dessus ? Pensez-vous que ce barème est équitable ? Dans la négative, comment le modifieriez-vous ?

La réponse de David

$$28 \times 2 = 56$$
$$56 \div 7 = 9$$
$$9 \times 35 = 315$$

Au départ, il y avait 315 cartes dans la boîte.

La réponse d'Élise

$$7 \times 2 = 14$$
$$14 \times 35 = 490$$

490 cartes

La réponse de François

28 × 2 = 58
58 ÷ 7 = 8 r 2
8 × 35 = 280

Au départ, il y avait 280 cartes dans la boîte.

La réponse de Gaëlle

56 ÷ 7 × 35 = 280

Une bonne grille de notation ne récompense pas plus d'une fois la démonstration d'une compétence. De la même façon, la même erreur n'est pas sanctionnée plus d'une fois.

Une table et 4 chaises coûtent 315 €.
Une table coûte trois fois plus cher qu'une chaise.
Toutes les chaises coûtent le même prix.
Trouve le prix de la table.

Élément noté	Points attribués	Commentaires
1 unité pour chaque chaise 3 unités pour la table	M1	Une sanction pour les réponses correctes sans mise en évidence des étapes ou des réponses sans unités doit être décidée avant d'attribuer les points, par exemple B2.
7 unités → 315 €	M1	
1 unité → 45 €	A1	
3 unités → 135 €	A1	

Activité 7

Comment attribueriez-vous les points aux réponses suivantes, à l'aide du barème ci-dessus ? À votre avis, la dernière étape devrait-elle être M1A1 plutôt que juste A1 ? Pourquoi (pas) ?

Pensez-vous que le barème ci-dessus est équitable ? Dans la négative, comment le modifieriez-vous ?

La réponse d'Hassan

315 ÷ 5 = 63

La table coûte 63 €.

La réponse d'Inès

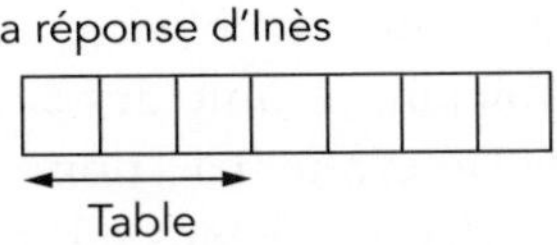

La réponse de Jérémy

315 ÷ 7 = 45 × 3 = 315

La réponse de Katia

351 ÷ 7

Voici un exemple de barème qui ne sanctionne pas à plusieurs reprises la même erreur.

Un collier est fabriqué avec 2 perles rouges et 8 perles bleues.
40 perles bleues sont utilisées pour fabriquer les colliers.
a) Combien de colliers sont fabriqués ?
b) Combien de perles sont utilisées au total ?

Élément noté	Points attribués	Commentaires
a) $40 \div 8 = 5$	M1A1 ou B2	La réponse de l'élève à la question (a) est utilisée pour obtenir la réponse à (b).
b) (a) $\times 10 = 50$ ou (a) $\times 2 + 40 = 50$	M1A1 ou B1	

Activité 8

Comment attribueriez-vous les points aux réponses suivantes, à l'aide du barème ci-dessus ?

La réponse de Laila a) $40 \div 10 = 4$ b) $4 \times 10 = 40$	La réponse de Maëlys a) $40 \div 8 = 5$ b) $40 \times 10 = 400$
La réponse de Noémie a) $40 \times 2 = 80$ b) $80 \times 10 = 800$	La réponse d'Omar a) 5 b) $10 + 40$

Les étapes de la préparation d'un test

Le nombre et les types d'évaluations sont en général fixés au niveau de l'établissement scolaire. Pour les examens semestriels, le format et le tableau des spécifications sont le plus souvent déterminés au niveau du département. Pour les tests de fin de séquence, ce sont les enseignants eux-mêmes qui en déterminent la nature, mais leur principale fonction consiste à rédiger les items et à préparer les barèmes.

Voici un résumé des étapes de la préparation d'une évaluation :

1. Déterminer le nombre de tests pendant une année scolaire et d'autres détails tels que le format, les thèmes, etc.
2. Préparer le tableau de spécification pour chaque test en tenant compte du programme afin d'accroître sa pertinence.
3. Rédiger les items du test.

4. Parallèlement, rédiger les barèmes.
5. Rassembler les items pour constituer la feuille de l'épreuve selon le tableau de spécification. Ajouter des consignes pour l'élève.
6. Rédiger des consignes précises pour chaque partie et pour le test en entier.
7. Finaliser les items du test, de préférence avec l'aide d'un collègue.
8. Effectuer les dernières retouches et faire le test pour s'assurer qu'il n'y a pas d'erreurs d'ordre typographique ou autre. Vérifier le temps nécessaire pour réaliser le test. Faire en sorte que le temps imparti ne soit ni trop long ni trop court. Si le temps alloué au test est fixe, adapter les items en conséquence.

Activité 9

Citez certaines limites des tests papier-crayon. Quels sont les types d'informations que le professeur ne pourra pas obtenir à l'aide de cette forme d'évaluation ? Que peut-il faire pour obtenir ces informations ?

Références bibliographiques

Curriculum Planning and Development Division (CPDD) (2004), *Assessment Guide to Primary Mathematics,* Singapour : Ministry of Education.

Singapore Examination and Assessment Board (SEAB) (2005), *PSLE Mathematics (EM1/EM2) Examination Questions 2000–2004*, Singapour : Hillview Publications.

Dépôt légal : mai 2016 – N° éditeur : 2016_1177
Achevé d'imprimer en France : par Présence Graphique - Monts

PEFC 10-31-2677